新・保育実践を支える

人間関係

成田朋子 編著

福村出版

JCOPY 〈出版者著作権管理機構　委託出版物〉

本書の無断複写は著作権法上での例外を除き禁じられています。複写され
る場合は、そのつど事前に、出版者著作権管理機構（電話 03-5244-5088,
FAX 03-5244-5089, e-mail: info@jcopy.or.jp）の許諾を得てください。

『新・保育実践を支える　人間関係』まえがき

　保育者養成科目「保育内容指導法　人間関係」のためのテキスト『保育実践を支える　人間関係』を出版してはや 10 年が経過した。

　この間，2012（平成 24）年には，子どもの保育充実と保護者の子育て家庭支援充実を目指す制度である子ども・子育て支援法が制定され，2015（平成 27）年より実施され，また幼保連携型認定こども園教育・保育要領も施行されている。その後も保育をめぐる環境は目まぐるしく変化し，2017（平成 29）年，幼稚園教育要領，保育所保育指針，幼保連携型認定こども園教育・保育要領が改訂（改定）され，2018（平成 30）年度より実施されることになっている。

　本書はこの改訂（改定）を受け，執筆者の一部交替を経ての改訂版である。

　編集にあたって幼稚園教諭，保育士，保育教諭を目指す人たちに伝えたいことは初版へのまえがきでも述べたとおりであるが，改訂版ではさらに，主体的に学習を進め，実践力を身に付けることができるよう，1 〜 4 章各章末に演習課題を，5，6 章末に月週案を掲載した。

　人との関わりの未熟さが指摘されて久しい今日であるが，携帯に代わったスマホの普及は，大人も子どもも含めた人間関係の希薄化に拍車をかけていると言わざるをえない。目と目を合わせた関わりが子どもの心の成長に不可欠であることを今一度思い起こしてほしい。そして，子どもが人と関わる力を育て，後々豊かな人間関係を展開できるよう，保育者としてなすべきことに思いを馳せ，さらには保育者や保護者の人間関係がより豊かなものになるよう，本書が活用されることを願う。

2018 年 3 月　　　　　　　　　　　　　　　　　　　　　　　編　者

初版まえがき

　幼児教育の振興は今や世界的な潮流であり，わが国においても，2006（平成18）年に改正された教育基本法では，「幼児期の教育」に関する条文が新設され，また，2007（平成19）年改正の学校教育法でも，幼稚園が学校教育の始まりとして位置付けられている。さらに，これに先立つ2005（平成17）年の中央教育審議会答申「子どもを取り巻く環境の変化を踏まえた今後の幼児教育の在り方について」は，今日の子どもの育ちの変化として，基本的な生活習慣の欠如，コミュニケーション能力の不足，運動能力の低下，自制心や規範意識の不足等を挙げ，豊かな人間性を育成し，生きる力の基礎を培う幼児教育の今後のあり方を方向付けている。

　このような流れの中で，2008（平成20）年，幼稚園教育要領・保育所保育指針が改訂（改定）されたのである。

　本テキストは，以上の改訂幼稚園教育要領・改定保育所保育指針を踏まえて編纂した領域「人間関係」に関する保育内容・指導法のテキストであり，子どもの人間関係に関わる力を育むために保育者として何を考え，何をなすべきかを学生が理解することをめざしている。

　本テキストでは，まず，今日の子どもを取り巻く状況を整理すると共に，改訂幼稚園教育要領・改定保育所保育指針の領域「人間関係」を概説し，次いで，人と関わる力の発達の基礎をおさえ，人と関わる力がどのようにして育まれるのかを教育要領・保育指針の言葉から解きほぐし，さらに実際の保育場面での指導計画と実践事例を通して解説した。

　今日，子どもだけでなく大人もコミュニケーション力が低下しているといわれる。本テキストを通して，まずは子どもに人と関わる力が育つよう，さらには，保育者自身の子どもと関わる力，保護者も含めた大人同士の人と関わる力が醸成されることを願う。

　　2009年10月　　　　　　　　　　　　　　　　　　編者一同

目　次

『新・保育実践を支える　人間関係』まえがき　(3)

初版まえがき　(4)

1章　子どもを取り巻く環境と人間関係……………………………10

1節　地域社会と人間関係………………………………………11

1　地域社会の変化と教育力の低下　(11)

2　地域社会における子どもの生活と人間関係　(13)

3　地域社会における教育力の再生・向上　(15)

2節　家庭と人間関係……………………………………………16

1　家庭の変化と教育力の低下　(16)

2　家庭における子どもの生活と人間関係　(20)

3　家庭における教育力の再生・向上　(23)

3節　幼稚園・保育所・認定こども園等と人間関係………………26

1　園における子どもの生活と人間関係　(26)

2　現代の保育現場における保育の課題　(27)

演習課題……………………………………………………………30

2章　幼稚園教育要領，保育所保育指針，幼保連携型認定こども園教育・保育要領と領域「人間関係」……………………31

1節　幼稚園教育要領，保育所保育指針，幼保連携型認定こども園教育・保育要領と領域「人間関係」の変遷……………32

1　『保育要領』と領域「人間関係」　(32)

2　幼稚園教育要領の成立と領域「人間関係」　(34)

3　幼稚園教育要領の「告示」と保育所保育指針の「通知」　(35)

4　1989（平成元）年幼稚園教育要領，及び1990（平成2）年保育所保育

指針の改訂（37）

 5 1998（平成10）年幼稚園教育要領，及び1999（平成11）年保育所保育
指針の改訂（38）

 6 2008（平成20）年幼稚園教育要領の改訂と保育所保育指針の改定（38）

 7 2014（平成26）年幼保連携型認定こども園教育・保育要領の告示（39）

 8 2017（平成29）年幼稚園教育要領，保育所保育指針，幼保連携型認定
こども園教育・保育要領の改訂（改定）（39）

2節 幼稚園教育要領と領域「人間関係」……………………………43

 1 領域「人間関係」の重要事項（43）

 2 領域「人間関係」の「ねらい及び内容」（45）

3節 保育所保育指針と領域「人間関係」……………………………54

 1 領域「人間関係」の重要事項（54）

 2 領域「人間関係」の「ねらい及び内容」（56）

 3 領域「人間関係」と「保育の実施に関して留意すべき事項」（64）

4節 幼保連携型認定こども園教育・保育要領と領域「人間関係」…66

 1 領域「人間関係」の重要事項（66）

 2 領域「人間関係」と「ねらい及び内容並びに配慮事項」（66）

 3 領域「人間関係」と「教育及び保育の実施に関する配慮事項」（67）

演習課題……………………………………………………………………68

3章 人と関わる力の発達の基礎………………………………70

1節 子どもの発達と人と関わる力………………………………70

2節 人と関わる力の基礎…………………………………………71

 1 生理的早産（71）

 2 胎児・新生児の能力（72）

 3 乳児の人と関わる力の発達（74）

3節 親と子の絆……………………………………………………76

 1 愛着の形成とその重要性について──親と子の絆（76）

2　そのほかの家族との関わり　(80)

　4節　子どもと保育者の関わり，子ども同士の関わり …………………82

　　　1　子どもと保育者の関わり　(82)

　　　2　子ども同士の関わり——保育の中で育つ子ども同士の関わり　(86)

　　　3　子どもの人と関わる力の発達を導く原動力　(89)

　演習課題 ……………………………………………………………………… 91

4章　人と関わる力の発達の様相
——発達を見通し，子ども理解につなげるために ………………… 92

　1節　乳児の人と関わる力の発達の様相 ………………………………… 92

　　　1　おおむね6カ月未満　(92)

　　　2　おおむね6カ月から1歳未満　(96)

　2節　1歳以上3歳未満児の人と関わる力の発達の様相 ………… 99

　　　1　おおむね1歳　(99)

　　　2　おおむね2歳　(102)

　3節　3歳以上児の人と関わる力の発達 ……………………………… 105

　　　1　おおむね3歳　(105)

　　　2　おおむね4歳　(108)

　　　3　おおむね5歳　(111)

　　　4　おおむね6歳　(115)

　演習課題 ……………………………………………………………………… 118

5章　保育の中で育つ人と関わる力　Ⅰ ……………………………… 120

　1節　乳児期前半（おおむね6カ月未満児）の保育 ……………… 120

　　　1　乳児期前半（おおむね6カ月未満児）の指導計画　(120)

　　　2　泣き声は乳児の「言葉」・人と一緒が楽しい　(121)

　　　3　おだやかな気持ちでコミュニケーション　(123)

　　　4　特定の保育者と過ごす　(124)

　　　5　乳児の視線に合わせて遊ぶ　(125)

2節　乳児期後半（おおむね 6 カ月から 1 歳未満児）の保育 ……… 127

    1　乳児期後半（おおむね 6 カ月から 1 歳未満児）の指導計画（127）

    2　泣いている理由を考える（129）

    3　スキンシップでコミュニケーション（130）

    4　愛着を育む（131）

3節　おおむね 1 歳児の保育 …………………………………………… 134

    1　おおむね 1 歳児の指導計画（134）

    2　砂場で遊ぶ（136）

    3　担当制を導入（137）

    4　1 人遊びを楽しむ（140）

    5　玩具の取り合い（141）

    6　友達とのトラブル（142）

4節　おおむね 2 歳児の保育 …………………………………………… 143

    1　おおむね 2 歳児の指導計画（143）

    2　自我の芽生え（144）

    3　自己主張（145）

    4　友達との関わり（149）

5節　月週案の例 ………………………………………………………… 151

    1　0 歳児クラス月週案（5 月第 2 週）（151）

    2　1 歳児クラス月週案（5 月第 2 週）（152）

    3　2 歳児クラス月週案（5 月第 2 週）（154）

6 章　保育の中で育つ人と関わる力 Ⅱ ……………………………… 156

1節　3 歳児の保育 ……………………………………………………… 156

    1　3 歳児の年間指導計画（156）

    2　保育者と一緒にいろいろな場所や遊びに興味関心を持つ（159）

    3　保育者に自分の思いを言葉や表現で伝えようとする（161）

    4　やりたい遊びを見つけて友達と一緒に遊ぶ（164）

    5　保育者や友達と一緒にごっこ遊びを楽しむ（166）

目 次　9

2節　4歳児の保育 ……………………………………………………………… 170

　　1　4歳児の年間指導計画（170）

　　2　新しい環境に慣れ，親しんで登園する（173）

　　3　気が合う友達と一緒に，面白そうなことに関わって遊ぶ（175）

　　4　友達のしていることに関心を持ち，経験のない遊びにチャレンジ
　　　　しようとする（177）

　　5　気の合う友達の中で自分を主張し，時にはけんかをして，相手との
　　　　つながりを持とうとする（180）

3節　5歳児の保育 ……………………………………………………………… 184

　　1　5歳児の年間指導計画（184）

　　2　ルールのある遊びを通して，多くの友達と遊ぶ楽しさを味わう（187）

　　3　友達と遊びながら，相手の気持ちを察する（189）

　　4　自分の気持ちばかり主張するのではなく，相手の気持ちも聞こうとする
　　　　（192）

　　5　同じ目的に向かって，共にアイデアを出したり，力を合わせたりす
　　　　ることができる（195）

　　6　卒園を前にした課題に対して，自分なりに取り組もうとする（197）

4節　月週案の例 ………………………………………………………………… 200

　　1　3歳児5月第3週指導計画（200）

　　2　4歳児12月第2週指導計画（202）

　　3　5歳児7月第1週指導計画（203）

資　料（204）

索　引（215）

1章　子どもを取り巻く環境と人間関係

　子どもを取り巻く環境とは，子どもが生活する場のことであり，その主たるものとして，地域社会，家庭，幼稚園・保育所・認定こども園等が挙げられる。子どもは，これらの生活の場において様々な人との関わりを経験し，人間関係を築くために必要な力を蓄えていく。また，これらの生活は決して断絶されたものではない。子どもの一日を切り取ってみても分かるように，3つの生活の場は，循環性を持ちながら子どもの人間関係を育てる。これこそが地域社会，家庭，園の各生活の場が備える教育力である。

　しかしながら，時代の変遷や社会の変化によって生活の循環が滞り始め，各生活の場が備えていた教育力が低下してきている。つながっていたはずの子どもの生活の場が分割され，またそれによって各生活の場においての，子どもとまわりの人々とのつながりも希薄化し，人間関係が育ちにくくなってきている。

　育つはずの人間関係が育ちにくい，すなわち，教育力の低下の現状とは何であろうか。また，その現状の中での子どもの生活と人間関係とはどのような状況にあるのだろうか。そして，今後どのように各生活の場の教育力を再生・向上させ，どのように人間関係を育てていくべきであろうか。

　本章では，子どもを取り巻く地域社会，家庭，園の3つ生活の場を捉え，その生活の現状と人間関係のあり方を考えることによって，実際の保育現場での子どもの人間関係を捉える足がかりとしていきたい。

1節　地域社会と人間関係

1　地域社会の変化と教育力の低下

　日本社会の高度経済成長と共に，子どもや家庭を取り巻く地域社会の様相が急変していった。現在においても都市化と過疎化は，地域社会の人口とその年齢層のより一層の偏りを招き，子どもが本来経験できるはずの地域社会での生活経験を減少させ続けている。

　人間関係の希薄化に拍車をかけた要因として内閣府が「平成19年度国民生活白書」（2007）において取り上げたのは，サラリーマン化と居住環境の変化であった。サラリーマン化とは就業者数のうちの雇用者数増加を意味する。2006年には全就業者中85.7％が雇用者であり55年前と比較すると約2倍に増加している。さらに，総務省統計局の「労働力調査（平均）速報」（2016）によると，2016年には全就業者数6,440万人のうち雇用者数が89.0％を占めるまでになった。こうした雇用者の多くは地元に就業する場合を除き居住地域内で過ごす時間が短く，地域社会における人間関係の希薄化の傾向が考えられる。

　また，居住環境の変化も人間関係の希薄化に影響を与えている。都市化現象により新興住宅地に多数の賃貸集合住宅が建ち，日本各地から様々な人々がそれぞれ移り住んでいる。さらに，転勤等により1カ所に長く留まらない世帯も増加したことから，現代の私たちの居住環境は，もともと地縁の薄い人同士が近所付き合いを深めにくい状況にあるといえる。図1－1の調査は，自分の住んでいる地域の人々との交流があることは大切だと考える人の割合を示したものである。それによると，1983年の調査では交流が「全く大切」と考える人が全体の38.6％であったのに対し，2011年には26.3％と28年の間に約12％も減少している。このように交流の機会の減少する中で，居住する地域社会自体への思い入れも薄くなり，人間関係の希薄化につながったのである。このような状況は，保護者の考え方にも影響を与えている。たとえば，「地域の教育力に関する実態調査」（文部科学省，2006）では，2006年当時に保護者が自分の子ども時代と比較して地域の教育力が低下していると回答した割合は，2,888

名のうち5割以上であったという。その後,各地域においても地域の教育力に関する調査が実施されており,図1-2の「家庭及び地域の教育力に関するアンケート調査結果」(岐阜県,2013)では,地域の教育力が「低下している」との意見がやはり5割を超えている。また,地域の教育力低下の要因として,多くの県民が「近所の人々がお互いに親交を深められる機会の減少」「地域に対する親近感や愛着の希薄化」「地域行事の減少と参加率の低下」を挙げている。

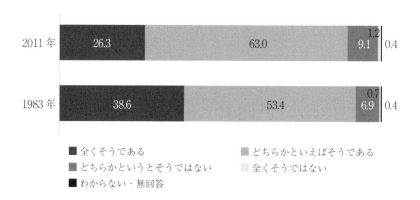

図1-1 居住地域の人々との交流を大切と考える成人の割合(%)

「国民生活選好度調査」(内閣府,2011)より作成

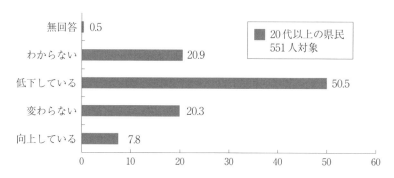

図1-2 近年の「地域の教育力」の変化に対する意識(%)

岐阜県社会教育文化課「家庭及び地域の教育力に関するアンケート調査結果」2013より作成

まさに，保護者を含む地域の大人自身が地域とのつながりや人間関係の希薄化を実感している時代となってきたといえよう。

2　地域社会における子どもの生活と人間関係

都市化現象により，空き地やこれまで自然にあふれていた土地に続々と住宅が建てられ，地域社会における子どもの生活と遊びの場が変化してきた。学校がある日の放課後に，小学生 12,541 名が主にどこで過ごすのかを示した図 1 － 3（「神奈川県における放課後の子どもの居場所づくりに向けた実態調査研究調査報告書」神奈川県生涯学習審議会，2014）では，小学校の低学年と高学年のどちらにおいても，自分の家で遊ぶ子どもの割合が非常に高い。自分の家以外で遊ぶ場合でも，塾や習い事，友達の家で遊ぶ子どもが高い割合を示し，公園や空き地・広場などの屋外で遊ぶ子どもも約 3 割から 4 割強存在するものの，全体的には屋外よりも屋内で過ごす子どもの割合が高くなっている。

また，同調査では低学年と高学年共に，放課後に関わる人数が 2 〜 3 名とい

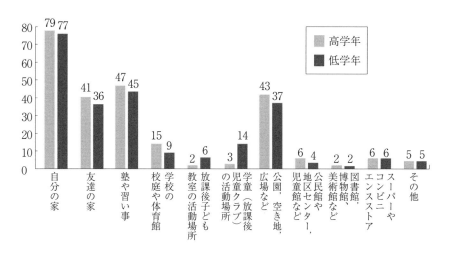

図 1 － 3　放課後に子どもが過ごす場所（%）

神奈川県生涯学習審議会「神奈川県における放課後の子どもの居場所づくりに向けた実態調査研究調査報告書」2014 より作成

う小規模な関わりが多い。低学年では全体の53%，高学年では全体の46%を
占め，関わる人の属性については，低学年では家族と過ごす子どもが54%と
高く，高学年では同じ学年の友人が74%であった。なお，幼児期の子どもに
ついては，ベネッセ教育総合研究所第5回「幼児の生活アンケート」(2016)
によると，平日に園生活以外での遊び相手として最も多いのが母親であり4,034
名中86%を占め，第2位がきょうだいで49.3%，第3位が友達27.3%である
という。同調査は1995年からの縦断研究であり，2015年度までの20年間で
この順位は変わらず，また，友達の占める割合は1995年の56.1%から2015年
の27.3%へと約半数に減少している。これらの調査結果から，地域社会におい
て子どもが過ごす場所は，屋外から屋内へとその居場所が移行しただけではな
く，外遊び集団の小規模化と友達間の関わりの減少という子ども間での様々な
コミュニケーションの機会が奪われてきていることが分かる。

　次に，地域社会における子どもと地域の人々との関わりについて見てみる。
地域の教育力の低下が話題となる以前は，子どもにとって地域の人々は身近な
存在であり，その地域社会に住む大人たちも自分の子どもと同じようによその
子どもをかわいがったり，必要な時には注意したりと町ぐるみの子育てが根強
く残っていた。しかし，現在ではマンション等の集合住宅からは表札が外され，
隣に住んでいる人の名前や顔すら明確でない場合が増えてきた。このような状
況の中，子どもたちは近所の大人たちとどのような関わりを結んでいるのだろ
うか。前出の神奈川県の調査では，表1－1「近所の人との日常的な交流と地
域行事・ボランティア活動への参加」のように，日頃から地域の人々と挨拶や
話をよくする子どもは地域の行事やボランティアに参加する割合が「よく参加
する」40%であり，これは，日頃からあまり地域の人々と挨拶をしない子ど
もが地域の活動やボランティアに「よく参加する」22%の約2倍の割合であ
ることから，日頃の地域の人々との関わりが深い子どもほど地域の活動に根付
いていることが分かる。さらに，この結果は地域の大人から子どもに対する声
がけや挨拶の重要性も再確認できるといえるのではないだろうか。

1章　子どもを取り巻く環境と人間関係　　15

表1−1　　近所の人との日常的な交流と地域行事・ボランティア活動への参加

		近所の人と挨拶や話をするか		
		よくする	時々する	あまりしない
地域の行事やボランティア活動に参加するか	よく参加する	40%	27%	22%
	時々参加する	37%	43%	33%
	あまり参加しない	17%	22%	31%
	活動があるのか分からない	5%	8%	15%

神奈川県生涯学習審議会「神奈川県における放課後の子どもの居場所づくりに向けた実態調査研究調査報告書」2014 より作成

3　地域社会における教育力の再生・向上

　地域社会での子どもの人間関係の広がりは，子どもが生活している地域社会全体のあり方が大きく影響している。わが子と同じように地域の子どもを見守り，どの子どもに対してもわが子と同じ関わりができるような地域の人々のつながりや絆を深めることが理想といえる。それでは，実際に子どもを地域社会全体で育て，つながり・絆を深めるにはどのような方法が有効なのであろうか。

　山口県柳井市教育委員会「小中学校の教職員，保護者，地域住民の役割に関するアンケート調査の結果」（2015）では，地域の人々が担うべき役割として次の事項が上位6位に入っている。①子どもに地域の伝統行事や歴史を教える。②子どもにあいさつの大切さを教える。③地域で実施される草刈りや清掃活動に参加する。④校区内の地域の行事に参加する。⑤登下校の安全の見守りをする。⑥子どもに時と場をわきまえた礼儀やマナーを教える。

　この6事項を見てみると，地域の人々に求められていることが「地域の担い手としてのあり方を示す取り組み」（①③④⑤）と「子どもの社会性を育む取り組み」（②⑥）との2つであるといえる。前者については，様々な調査の中でも

地域の人々自身が取り組みやすいと考えている内容である。特に，子どもが被害者となった犯罪については，『警察白書』（警察庁，2015）によると刑法犯に係る13歳未満の子どもの被害件数が2014年では24,707件であり，2005年次の34,459件と比べると減少はしているが，まず子どもの安全を確保することが子どもの笑顔・幸せへとつながる。さらに，2011年3月に発生した東日本大震災以降，災害時における人命の安全確保がより重要視されてきた。そのためには，地域社会と家庭だけの連携ではなく，学校や企業を含む社会全体の連携・協力体制を整えることが重要である。

　子どもたちは，毎日地域社会を通って家庭と園を行き来しており，地域社会は，子どもの家庭生活と園生活との間を「つなぐもの」といえる。しかし，地域社会は漠然とした1つのかたまりではない。「つなぐもの」とは一人一人の地域住民をさしており，地域社会が多数の地域住民の集合体であることを心に留めなくてはならない。地域社会の住民一人一人が，地域社会の一人一人の子どもをいかに守り，共に育つのだといった共通の問題意識を日頃から持つことも大切である。地域社会生活を心の通い合う温かな場としていくことが，地域住民同士のつながりや絆を深め，地域社会での教育力の向上につながっていくことを忘れてはならない。

2節　家庭と人間関係

1　家庭の変化と教育力の低下

　本来家庭は社会の縮図ともいわれ，子どもが一人立ちしてからの社会生活において必要となる様々な経験が凝縮されていた。しかしながら，現在では少子化・核家族化をはじめとする様々な要因によって，その縮図のあり方が変形・多様化してきている。

　まず，少子化の影響を考えてみる。「国勢調査」（総務省，2017年）に基づく推計によると，15歳未満の子どもの人数は1,571万人，全国民に対する子どもの割合も12.4％となり，共に過去最低の数字となった。また，1人の女子が

表1－2 「理想の子ども数」の比較（％）

	0人	1人	2人	3人	4人
2017年（N=2,958）	6.5	13.8	51.5	25.4	2.8
2014年（N=2,961）	6.5	16.7	47.0	26.8	3.0

内閣府「夫婦の出産意識調査」2017より作成

　一生の間に生むと推定される子どもの数を示した合計特殊出生率も2017年には1.44人となり，2005年の1.25人よりも0.19ポイント上回ってはいるが，日本の人口を維持するのに必要な2.07人には程遠く，少子化傾向を示す数値となっている。少子化の影響を受けて1世帯ごとの子どもの人数も減少しており，これまで家庭に存在した「きょうだい間の関わり」が少なくなってきている。「きょうだい間の関わり」とは縦の関係（親子関係），横の関係（友人関係）との中間に位置する関わりである。また，家庭外での様々な人間関係や人と関わる力そのものを育てる基礎といわれる。つまり，きょうだいのいる家庭内でのみ体験可能な社会性育成の機会といえる。少子化は少子家族を生み出し，「きょうだい間の関わり」の中で世話をしたりされたり，けんかをしたり，その仲直りを経験することによって身に付けられた思いやりや協調性などの社会的態度の基礎を学ぶ機会が奪われつつあると考えられる。

　また，表1－2のように既婚者が欲しいと考える理想の子ども数は，2017年度を見てみると5割以上の人が2人の子どもを欲しいと回答している。これは，2014年と比べて3人以上という回答が減少し，2人を希望する既婚者が2013年の調査開始以降過去最高になったことを示す。少子化の要因として，若者のライフスタイルに対する意識の変化や晩婚化などが取りざたされる。しかし，数値の示すように理想の子ども数が2人以上と考える既婚者が79.7％であったとしても，実際に2人目を出産するには同調査の中で「2人目の壁」があると回答する既婚者が，2017年時点で74.5％もいるのだ。その背景には，昨今の日本経済の不況による影響も大きく，少子化の要因には，若年層の経済的自立の難しさ及び経済的負担の増大があるといえる。

表１−３ 児童のいる世帯の家族構成の変化（%）

	1975 年	1995 年	2007 年	2016 年
核家族世帯	67.4	69.4	76.0	80.5
3 世帯同居世帯	27.5	26.9	20.0	14.7

厚生労働省「国民生活基礎調査」2001，2008，2016 より作成

　次に，現代の一般的な家族構成像となった「核家族」を考えてみる。核家族とは，夫婦と子ども，もしくは，母親と子ども，父親と子どもで構成された世帯であり，1955 年頃に全世帯数の約半数であったといわれる核家族世帯数は，表１−３のように，2007 年では 9,489 世帯となり全世帯数の 76.0% を占め，2016 年には 8 割以上の家庭が核家族世帯となっている。また，1975 年から 2017 年の間に 3 世帯同居世帯も 12.8% 減少している。この結果から，多くの家庭において親子関係以外の祖父母等の日常的な関わりが欠如してきていることが分かる。なお，核家族の中には，核家族世帯全体の約 1.5% 前後の割合で，より構成員の少ない家族構成のひとり親世帯（片親のいない満 20 歳未満の未婚の子どもが，そのもう片方の親によって養育されている世帯）も存在していることも現代の家族形態の特徴の 1 つといえよう。

　原田正文（2008）は，1980 年・2003 年に自身が中心となって行った大規模な 2 つの子育て調査の比較から，「母親の自分の子どもが生まれる前までの育児体験の有無」については，「育児経験がまったく無い」との回答が 40.7%（1980年）から 55.9%（2003 年）へと 15.2% 増加していることを実証した。3 世帯同居家庭が半数以上を占めていた 1955 年以前では，祖父母との同居により祖父母から親への子育てを含む生活の知恵が，自然なサイクルの中に受け継がれるという，家庭の教育力が生きていた。核家族が一般的となった現代では，その自然なサイクルは失われ，また，親自身が核家族世帯で育ったことによる育児の手伝い体験の減少から，母親の育児不安が助長されてきている。母親の子育て意識の経年比較を実施した前出のベネッセ総合教育研究所（2015）の調査では，項目「子どもが将来うまく育っていくかどうか心配になること」について

調査開始時の1995年次の59.6%と比べて2015年では65.7%であり，20年前よりも約6%も子どもの発達に不安を持つ保護者が増加していることを示している。そしてその反面，最近ではTV・雑誌・インターネット等のマスメディアからの情報が氾濫し，多種多様な育児方法を知ることが可能となった。しかし，その情報の多様化から，自分の育児に自信を持てない親が増加してきているといえる。さらに，多くの母親が，地域社会や親類の中に相談したくても相談する相手がいない孤立化状態にあるとされている。このように母親の育児不安や孤立化によって，子どもの健やかな育ちを支えるはずの家庭内の教育力が低下したことにより，家庭内での「児童虐待」という痛ましい状況も多発している。

　2004年，児童福祉法と児童虐待防止法が改正された。それにより2004年度の児童相談所への相談件数が2000年度よりも約2倍に増加し，2016年度にはさらに増加している（図1－4）。ここで，2016年度の相談状況（総数122,578件）をまとめてみると，相談内容については件数の多い順から身体的虐待，ネグレクト（保護の怠慢や拒否），心理的虐待，性的虐待となる。2013年の厚生労働省「子ども虐待による死亡事故事例等の検証結果等について（第11次報告）の概要」では，被虐児死亡事例63件（69名）の中でも心中以外の虐待死では，

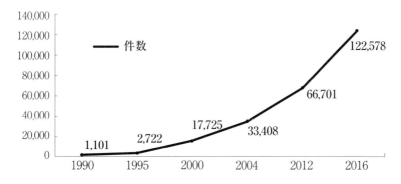

図1－4　児童相談所における虐待相談の対応件数の推移

厚生労働省「報道資料速報値」2017より作成

0 歳 ~2 歳までの 24 名(66.7%)であり，そのうち 0 歳児が 16 名(44.4%)であった。またそれらの主な虐待者としては実母が最も多く，2013 年度では 16 名（44.4%）であり，続いて実父 8 名（27.8%），実母と実父 8 名（22.2%）であった。こうした事実によって，家庭の教育力の低下に伴った現代の家庭が持つ深刻な問題が浮き彫りとなっている。

2　家庭における子どもの生活と人間関係

　少子化・核家族化によって家庭が縮小化する中，1980 年代から増加した共働き世帯の数は，1997 年以降になると男性雇用者と専業主婦世帯数を上回り始めていった。2016 年の総務省「労働力調査詳細集計」によると男性雇用者と専業主婦世帯数が 745 万世帯に対し，共働き世帯数は 1,389 万世帯となった。また，労働の長時間化により親の帰宅時間も遅延気味となり，19 時までに帰宅する父親の割合は 2001 年の 39.5%（厚生労働省「児童環境調査」2001）から 2009 年には 17.5%（厚生労働省「平成 21 年度全国家庭児童調査結果の概要」2009）まで減少している。それらの調査では，母親についても 18 時までに帰宅できる割合が，2001 年の 72.0% が 2009 年では 20.8% まで減少している。家庭とは愛情にもとづいた親と子の関わりの中で，より深い愛情が育まれていく場である。しかしながら，親の生活が変化した現代では，家庭での親子の生活と人間関係はどのような姿になっているのであろうか。

　まず，親子の接触時間について考えてみる。2009 年に 0 歳から 6 歳までの子どもを持つ父親 2,956 名に実施した「第 2 回乳幼児の父親についての調査報告書」（ベネッセ総合教育研究所，2009）では，平日に子どもと父親が一緒に過ごす時間は「1 時間～ 2 時間半」26.9% が 1 位であり，理想とする触れ合い時間が「2 時間～ 3 時間半」34.5% であった。また，一緒に過ごす時間の現状が 1 時間未満の父親の総割合は 37.1% であった。したがって，父親が子どもと少しでも長く子どもと触れ合いたいと思っていても，実際には過ごせていないこと，そして，約 4 割に近い父親が平日に子どもとほとんど触れ合えていないという状況があることが分かる。

1章　子どもを取り巻く環境と人間関係　　21

　次に，実際の生活の場面では，どのような親子の関わりが見られるのだろうか。
「第5回幼児の生活アンケート」（ベネッセ教育総合研究所，2016）から，食事
の場面を見てみると，表1-4に示されたように家族みんなで食事をする頻度
については，「ほとんど毎日」が50.3％，「週に3～4日」12.0％，「週1～2回」
33.3％，「月に1～3回」2.2％，「ほとんどない」1.4％，「不明」0.7％であった。
これは，子どもの約半数が家族全員で毎日食事を摂れていないことを示す。ま
た，子どもと一緒に話をする頻度については，「ほとんど毎日する」が97.2％
であり，すべての項目の中で最も割合が高かった。しかしながら残りの2.8％
の子どもの中には保護者と一度も話さない日のある子どもが存在することも
見逃してはならないだろう。「家族団らん」とは，家族が集まり，共に和やか
な時を過ごすことを意味する。食事の場面とは，家族が同じものを飲み食べし，
和やかな雰囲気の中で自然体で関わりを持てる，まさに「家族団らん」の時で
ある。しかし，調査結果からは「家族団らん」ではなく「家族の個別化」がう

表1-4　子どもと一緒にすること（％）保護者3,466名対象

	ほとんど毎日	週に3～4日	週に1～2日	月に1～3日	ほとんどない	無答不明
子どもと一緒に話をする	97.2	0.7	0.6	0.2	0.1	1.1
子どもとお風呂に入る	89.6	5.2	3.1	0.8	0.6	0.6
子どもと一緒に遊ぶ	67	14.4	14	1.9	0.9	1.8
子どもとテレビやDVDを見る	64.9	13.6	13.8	3.6	3	1.1
家族みんなで食事をする	50.3	12	33.3	2.2	1.4	0.7
子どもと一緒に文字を読んだり，数を数えたりする	43	23.2	18.8	5.6	8.2	1.2
絵本や本の読み聞かせをする	38.9	22.2	20.1	11.5	7.1	1.1
子どもにお手伝いをさせる	38.5	23.3	21.8	6.4	8.4	1.6
子どもと絵を描いたり，粘土や折り紙で遊んだりする	16.8	19.4	32.9	18.9	11.2	0.9

ベネッセ教育総合研究所「第5回幼児の生活アンケート」2016より作成

かがえる。よく耳にする現代食生活を表現する言葉「コショク」の中にも個食，小食，粉食と共に「孤食」が挙げられ，食事の場面における人間関係の希薄化がよく知られるような時代となってきている。

　さらに，子どもの生活の中で最も楽しく家族や友達と関われる「遊び」に注目してみよう。

　表1−5の調査は1歳6カ月から6歳11カ月の幼児を持つ保護者から捉えた子どもがよくする遊びである。それによると，1995年から2015年の20年の間に公園の遊具（すべり台，ブランコなど）を使った遊び（80.0％），つみ木，ブロック（68.4％），人形遊び，ままごとなどのごっこ遊び（60.5％），ミニカー，プラモデルなどのおもちゃを使った遊び（49.8％），石ころや木の枝など自然のものを使った遊び（40.3％），ジグソーパズル（33.0％），おにごっこ，缶けりなどを使った遊び（27.7％），カードゲームやトランプなどを使った遊

表1−5　子どもがよくする遊び（％）　保護者3,466名対象　複数回答

	1995	2005	2015
公園の道具（すべり台，ブランコなど）を使った遊び	66.0	76.1	80.0
つみ木，ブロック	55.0	63.1	68.4
人形遊び，ままごとなどのごっこ遊び	51.2	56.9	60.5
絵やマンガを描く	45.0	57.5	50.4
ミニカー，プラモデルなど，おもちゃを使った遊び	39.5	45.5	49.8
砂場などのどろんこ遊び	49.5	57.6	47.7
ボールを使った遊び（サッカーや野球など）	35.0	46.8	46.2
自転車，一輪車，三輪車などを使った遊び	46.3	53.9	45.7
マンガや本（絵本）を読む	30.4	44.9	43.8
石ころや木の枝など自然のものを使った遊び	26.2	37.6	40.3
ジグソーパズル	21.9	28.8	33.0
おにごっこ，缶けりなどを使った遊び	13.9	20.9	27.7
カードゲームやトランプなどを使った遊び	19.4	26.2	27.7
なわとび，ゴムとび	14.1	19.3	20.5
携帯ゲーム（1）			18.1
テレビゲーム	24.2	15.1	10.5
その他	7.2	13.2	9.6

ベネッセ教育総合研究所「第5回幼児の生活アンケート」2016より1995，2005，2015を抜粋して作成。
（1）1995，2005は未調査

び（27.7％），なわとび・ゴムとび（20.5％）といった多くの遊びをする子ども
の割合が高くなっている。屋外の遊びを除くと，前挙の遊びの多くはこの20
年間に既製のおもちゃも豊富に販売されるようになったともいえる。また，テ
レビゲーム遊びについては1995年の24.2％が2015年には10.5％まで割合が低
くなっている。しかし，2010年から調査項目に加えられた携帯ゲームが2015
年には18.1％を占めることから，両者を合わせると28.6％，つまり4人に1人
の子どもはメディア機器を用いた遊びを好んでいることが分かる。さらに，同
調査では，子どものメディア機器の1日平均利用時間についても取り上げられ
ており，テレビ（106.6分），ビデオ・DVD（64.4分），スマートフォン（12.8分），
タブレット端末（9.7分），テレビゲーム（7.9分），携帯ゲーム（9.6分），パソ
コン（6.4分）であった。以上のように，様々な遊びを子どもが楽しめる時代
ではあるが，幼い子どものメディア接触時間はかなり長いものといえるだろう。

　子どもの家庭での生活と家族との温かな関わりは，社会の変化と共にその形
を変えていく。「家族団らん」の持たれ方も，親と子の接触時間の短時間化か
ら様変わりした。「家庭用」と名の付いたコンピューターゲームの普及は，今
や家族一同が揃ってテレビ画面に向かいメディアを仲介役として家族が関わり
を持つという時代を作り出した。これは，丸く集まりつながっていた「家族団
らん」がテレビ画面，PC画面，タブレット画面に向かって横一列にならんだ「家
族団らん」となり，家族の「つながり」のあり方が循環の滞る一方通行の「つ
ながり」に変化したともいえる。「つながり」の変化を受け止めつつ，家族の
愛情やぬくもりを実感できる関わりが持たれることを願いたい。

3　家庭における教育力の再生・向上

　子育てとは，育つ子どもの傍らで親もその子の成長を実感し，喜びと充実感
の中で親自身も成長していくことのできる営みである。2006年12月には，「教
育基本法」が改定され，保護者が子どもの教育に第一義的な責任を有すること
が明示された。その中で保護者は子どもの基本的生活習慣の形成，自立心の育
成，心身の調和のとれた発達を図るよう努めるべきことが規定された。しかし

ながら，子どもを持つ多くの母親は，充実感と共に育児に不安感・負担感を抱えてもいる。家庭を原点としつつ家庭の教育力を再生・向上するには，まず子どもを支える親自身を支えることから始めなくてはならない。

子どもを持つ親にとっての一番の支えは，あくまでも家族や地域住民等を含む信頼できる身近な人々である。その中でも，最も身近な存在が祖父母である。しかし，めまぐるしく変化する時代の中で育児観や育児方法も変わり，祖父母が自信を持って子育てのアドバイスをしにくい状況が生じている。現在「孫育て」という言葉と共に，祖父母向けの孫育て情報雑誌やインターネット上の情報サイトが増え始めた。家庭の教育力としての祖父母の存在が再び脚光を浴びている今，親と祖父母とが子・孫育てを共有し，育ちの循環関係を再形成することが望まれる。

しかしながら，子育て中の親の中には，信頼できる身近な人々からの支えがなかなか受けられない親が多い。さらに，原田（2003）によると，「近所でふだん世間話をしたり，赤ちゃんの話をしたりする人がいますか」との調査項目において，話し相手のいない孤立した母親の割合が1980年の15.5％から2003年には32.0％となり，孤立した母親数が23年間に2倍以上に増加していることを明らかにし，約3人に1人の母親が孤立した「母子カプセル」状態にあると述べている。近年の調査においても，図1−5のように子どもを通じた地域の人々との付き合いについて，「子どもを預けられる人がいる」と回答した母親が27.8％，「子どもをしかってくれる人がいる」が20.2％であった。これらを言い換えるならば，約7割の母親が子どもを預けにくく，また，約8割の母親が子育てを共有し，親と同じように子どもに接してくれる人が身近にいないと考えているのだ。

このような状況を打開しようと2015年にスタートした「子ども・子育て支援新制度」の下，現在では様々な子育て支援活動が実施されている。たとえば，市町村が地域の実態に応じ実施される子育て支援として，子育てや教育の情報提供や相談等を実施する「利用者支援事業」，地域の未就園児とその保護者の交流と支援を実施する「地域子育て支援拠点事業」，妊婦の健康診断や指

1章　子どもを取り巻く環境と人間関係　25

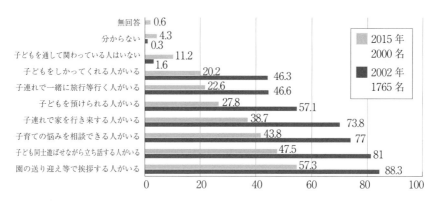

図1-5　母親の意識「地域の中での子どもを通じた付き合い」%複数回答
三菱UFJリサーチ&コンサルディング「子育て支援策等に関する意識」2014より

導等を実施する「妊婦健康診査」，生後4カ月までの乳児のいる全家庭への訪問，指導等を実施する「乳児家庭全戸訪問事業」，一時的に家庭で養育できない子どもを児童養護施設等に入所させる「子育て短期支援事業」，保育施設が実施する「一時預かり事業」「延長保育事業」等の13の事業が展開されている。しかし，こうした子育て支援活動が十分機能していない場合もある。子育て中の親が自分たち親子に合う子育て支援情報を得て，その子育て支援を紹介・斡旋されて実際の子育て支援サービスを受けるまでにはかなりの時間・過程が必要となる。そのため，インターネットやブログ等を使用した周知方法も広がり，一人一人の親に「より身近に」そして「より寄り添った」配慮が必要となってきた。また，待機児童数の増加の問題もある。認可保育所への入所を待っている待機児童の数は，2016年10月時には24,185名であり，子育て中の親が最も支援を必要としている時期の受け皿の少なさを露呈している。こうした現状の中，前挙した「子ども・子育て支援新制度」では，待機児童の解消，「幼保連携型認定こども園」の設置をはじめとする子育て中の親のニーズと子どもの年齢に応じた多種多様な受け皿の用意，少子化に対応する施設の統合，保育士の補充といった個々の課題解決を目的とし，親自身が子育ての楽しさを実感することによって子どもの健やかな育ちを促せるよう改善策が進められている。

3節　幼稚園・保育所・認定こども園等と人間関係

「幼稚園教育要領」「保育所保育指針」「幼保連携型認定こども園教育・保育要領」では，幼児期に育みたい3つの資質・能力として，「知識及び技能の基礎」「思考力・判断力・表現力等の基礎」「学びに向かう力，人間性等」が示された。これらの資質・能力は生きる力の基礎となるものであり，それを支えるものが人間関係といえる。なぜならば，どれほどの知識や強靭な身体，表現力等を持っていたとしても，それが発揮される社会の中で，まわりの人々との人間関係につまずいてしまっては，それらの力が発揮しにくくなる可能性が生じるからである。幼稚園や保育所，認定こども園等の保育現場では「生きる力」の基礎を育むことが求められている。そのため，おのずと保育現場においても「豊かな人間性」の土台形成が可能となるような人間関係づくりが重要となってくる。ここでは，保育現場での人間関係について，昨今の特徴を中心に取り上げてみる。

1　園における子どもの生活と人間関係

　園生活とは，家庭生活以外での初めての集団生活を送る場である。あくまでも家庭・地域社会での充実した生活があってこそ園生活が豊かになるのだが，家庭・地域社会生活における様々な人間関係が減少したことにより，保育現場における「人間関係の直接体験」の重要性が生じてきた。それは主に，人間関係の「質」と「多様性」が豊かな直接体験である。

　まず，人間関係の「質」が豊かな直接体験とは，幼稚園教育要領が示すところの「自我が芽生え，他者の存在を意識し，自己を抑制しようとする」幼児期の発達の特性を踏まえた関わりを大切にすることを意味する。保育現場には，在園する子どもの人数分のブランコがあるわけでもなく，ままごと道具が用意されているわけではない。必然的に，また自然に似通った年齢の友達と関わる環境が用意されているだけである。その環境の中で言葉を交わす経験や道具の貸し合い，時にはその道具の取り合いを通して葛藤したり，自分と相手の気

持ちの差異に気付いたり，一緒に楽しむために気持ちの折り合いを学んだりと様々な人間関係を経験する。したがって，人間関係の「質」としての直接体験を大切にするには，保育者によって手とり足とり困難を避けていくのではなく，関わりの難しさに子どもが気付き，それでも友達やまわりの人と関わりたいという気持ちが育つような保育づくりが必要となる。

　次に，人間関係の「多様性」が豊かな直接体験とは，家庭生活・地域社会生活の中で経験しにくくなってきた高齢者をはじめとする地域の人々などとの触れ合いのことである。園生活は家庭生活と地域社会での生活との連続性の中で営まれるため，ここでいう「地域の人々など」とは園に通う子どもにとってなじみのある身近な人々を意味している。また，この触れ合いを実り多い経験とするには，子どもの家族を含む地域社会の人々にも園や子どもを身近な存在として受け入れてもらえるようにしなくてはならない。そのためには，まず園や子ども，保育内容を相手に知ってもらう取り組みが必要である。その実践のあり方としては，子ども・保育者が園から地域へと積極的に出かけ，自然に人間関係を持つようにしていくことが効果的といわれている。継続的に園外での保育活動を実施し人間関係を結ぶことによって，地域に根付いた園づくりと地域の中の子どもづくりが可能となり，「多様性」豊かな人間関係を直接体験することが実現されるのである。

2　現代の保育現場における保育の課題

　2016年12月の中央教育審議会答申では，「グローバル化する中で世界と向き合うことが求められているわが国においては，自国や他国の言語や文化を理解し，日本人としての美徳やよさを生かしグローバルな視野で活躍するために必要な資質・能力の育成が求められている」「文化や考え方の多様性を理解し，多様な人々と協働していくことができるようにすること」とされている。社会生活の中で多様性を理解し，多様な人々と協働していける日本人を育成するには，乳幼児期にはどのような人の支え合いが必要なのだろうか。ここでは，子ども一人一人の人間関係の育ちに大きく関わると思われる昨今の保育の課題と

して，「保育の国際化」「保育者自身の教育力の再生・向上」を取り上げる。

　1つめの課題「保育の国際化」とは，日本社会の国際化に伴って生じたものである。現在わが国の外国人登録者数は，1996年末1,415,136人から2016年末の2,382,822人へと20年間で約1.7倍に増加している。また，幼稚園や保育所，認定こども園等を取り巻く地域社会には様々な人々が生活をするようになり，日本で生まれる子，そして日本で育つ外国人の子どもの数も増加してきた。表1－6に示された2013年に生まれた外国人の子どもは2017年には5歳に成長している。また，2013年度において，嫡出でない子ども数を抜いた片親が外国籍の子どもの数は19,532人である。したがって，2017年時点ではなんらかの国際的な背景を持った5歳児32,529人が，幼稚園や保育所等の幼児クラスに在籍し，保育現場には様々な背景を持った子どもやその家族が存在しているといえるだろう。

　こうした保育の国際化を含む日本社会全体の国際化を踏まえ，互いの差異を認め合い，共に生きようとする「多文化共生」の考え方が知られるようにもなってきた。教育・保育現場においても近年「多文化保育（教育）」「インクルージョン保育」という言葉が聞かれるが，それは，外国人の子どもや障がいのある子どもが在園する際の保育の取り組みを意味していることが多い。しかしながら，子どもが大人になって社会で活躍する頃には，より一層の国際化と多種多様な人間関係が結ばれる可能性が予測される。したがって，各保育現場では，子どもの将来を見据え，外国人の子どもが在園するしないにかかわらず，「多文化共生」の土台となる互いのよさを認め合う心の育成，つまり，偏見や差別のな

表1－6　日本における国籍（日本・外国）別出生数の推移（人数）

	2006	2013
日本人出生数	1,092,674	1,029,816
外国人出生数	12,188	12,997
総出生数	1,104,862	1,042,813

厚生労働省「日本における人口動態―外国人を含む人口動態統計―」概況2007，2014より作成

い心の通い合う人間関係の形成に努める必要性がより一層生じてくる。園や職員は，子ども一人一人の差異がそれぞれのよさであり，差異があることの素晴らしさを，園生活での人間関係を通して発信していけるような保育づくりが求められている。

2つめの課題は，「保育者の教育力の再生・向上」である。保育者の教育力とは，園内での子どもの人間関係の育ちを支える力であり，保育者の「生活人力」と「指導力」の2つである。まず，「生活人力」とはこれまで保育者が自らの人生の中で培ってきた，「家庭人としての力・地域社会人としての力」である。保育者は，子ども，家庭，地域社会の各実態を把握した上で保育を実践する。子どもの思いに共感していくことが，子どもの実態を理解する際の基本であるように，家庭・地域社会の各実態への共感なしにはすべての実態を捉えたとはいえない。その共感という心情を支えるものは，保育者自身のこれまでの家庭や地域社会の人間関係を中心とした経験であり，いわゆる，「生活人力」である。保育者自身の家庭や地域社会での生活と園での生活を循環させていくことによって，保育者の「生活人力」を様々な形で保育に生かしていけるようにしたいものである。

また，保育者に必要な保育を柔軟に展開させられる「指導力」とは何であろうか。幼児期の子どもに対する指導とは，小学校以上での科目別に行われる指導とは異なり，保育者が保育に関して行うすべての事柄といえる。保育者が，子どもの実態を捉えて計画を立て，その計画をもとに保育を実施し，子どもの実態の捉え直しと反省・評価をもとにまた新たな計画を作成する，といった子どものために実行する事柄を示している。つまり，園生活における子ども同士，子どもと保育者，保護者と保育者といった様々な人間関係を支えるものも，保育者の指導力なのである。また，指導とは，保育を実施する保育者によっても違いが生じることから，園内での保育者間（全職員間）での人間関係の中で，互いの指導のあり方を共通理解していくことが不可欠となる。そのため，各保育者が価値観や知識，技術に絶えず磨きをかけると共に，園内の様々な人との人間関係を深めながら，「指導力」の向上に努めなくてはならない。

子どもを取り巻く家庭生活と地域社会生活，そして「保育の国際化」を含む園生活自体が変化している今，保育者は，保育者自身の持つ教育力の成長が，園生活における子どもの人間関係の育ちに反映されることを忘れず，自身が豊かな人間関係を築きながら保育に臨むことが肝要といえる。

演習課題

1. あなたの居住する地域の実情について調べた上で，自分が保育者になった際にどのような保育を展開してみたいのかを考えてみよう。

2. 子ども・子育て支援新制度について調べ，幼い親子を支えるために現在どのような支援が実施されているのかをまとめてみよう。

引用・参考文献

警察庁　平成27年警察白書　2015

厚生労働省子ども家庭局保育課　平成29年度全国保育士養成セミナー「行政説明資料」　2017

西頭三雄児，久世妙子，小澤文雄編著　保育内容「人間関係」を学ぶ　福村出版　1992・2000

ジェームズ・A・バンクス／平沢安政訳　入門　多文化教育－新しい時代の学校づくり　明石書店　1999

中央教育審議会答申　幼稚園，小学校，中学校，高等学校及び特別支援学校の学習指導要領等の改善及び必要な方策等について　2016

成田朋子，小澤文雄，本間章子編著　保育実践を支える人間関係　福村出版　2009

服部祥子，原田正文編著　乳幼児の心身発達と環境－「大阪レポート」と精神医学的視点　名古屋大学出版会　名古屋　1991

原田正文　子育て現場の実態に即した次世代育成支援を！　発達No.101　ミネルヴァ書房　2005

原田正文　子育ての変貌と次世代育成支援―兵庫レポートにみる子育て現場と子ども虐待予防　名古屋大学出版会　2006

無藤隆　平成29年告示幼稚園教育要領　保育所保育指針　幼保連携型認定こども園教育・保育要領　3法令改訂（定）の要点とこれからの保育　株式会社チャイルド本社　2017

2章 幼稚園教育要領，保育所保育指針，幼保連携型認定こども園教育・保育要領と領域「人間関係」

　わが国は戦後，急激な科学技術の進歩に伴い，著しい経済発展を遂げ，非常に豊かな社会となった。しかし，これに伴い，私たちの生活や生き方などは大きく変化した。少子高齢化が一層進み，2016（平成28）年の出生数が，初めて100万人を割って約98万人となり，わが国の人口は減少し続けている。また，家族の縮小化も進行し，さらに核家族化や一人暮らしの高齢者の増大化が進んでいる。そして，家庭や地域における人間関係の希薄化や教育力の低下，児童虐待など，現代社会が抱える様々な課題は，われわれ大人はもとより，幼い子どもの環境，そしてその子ども自身にも大きな影響を及ぼしている。

　このような状況の中，わが国では，戦後の保育，幼児教育についても幼稚園教育要領・保育所保育指針を礎として，様々な時代を見通し，その時代に適した保育，幼児教育を保育現場で展開しながら，発展させてきたのである。その1つとして大きく取り上げられるのは，2006（平成18）年に，「就学前の子どもに関する教育，保育等の総合的な提供の推進に関する法律」（認定こども園法）が公布されたことであろう。これは，幼稚園や保育所等において，就学前の子どもに対し教育を一体的に提供すると共に保護者への子育て支援の推進を図る，認定こども園を創設するためのものである。その後，2015（平成27）年には，少子化の進行，都市部を中心とした待機児童問題，児童虐待など，わが国が抱える様々な問題解消を目的とした「子ども・子育て支援新制度」の始まりと共に，幼保連携型認定こども園教育・保育要領が成立したのである。

　本章は戦後の保育・幼児教育に注目し，その礎となる「幼稚園教育要領」（以下，教育要領）及び「保育所保育指針」（以下，保育指針），そして，様々な課題を抱える現代社会の中で成立した「幼保連携型認定こども園教育・保育要領」（以下，教育・保育要領）における保育内容の領域「人間関係」の変遷，そし

32

て2017（平成29）年改訂・改定で新しくなった領域「人間関係」について解説する。

1節　幼稚園教育要領，保育所保育指針，幼保連携型認定こども園教育・保育要領と領域「人間関係」の変遷

1　『保育要領』と領域「人間関係」

　わが国における戦後の保育，幼児教育は，1946（昭和21）年「恒久の平和を念願」するものとして制定された「日本国憲法」，そして翌年，1947（昭和22）年，新しい教育の基礎を確立するために「教育基本法」「学校教育法」が公布され，これにより，まず幼稚園が学校という教育機関の1つに位置づけられた。しかし，この時，幼稚園における教育について，その目的・目標は示されたものの，保育内容については示されなかった。そこで文部省は，連合総司令部（GHQ）の初等教育担当官であったヘレン・ヘファナン女史（Helen Heffernan）から提供された「幼児期における保育に対する示唆」を参考にし，1948（昭和23）年に『保育要領』を刊行する（保育所については1950〔昭和25〕年に厚生省が「保育所運営要領」を作成）。その保育内容は「楽しい幼児の経験」を重視し，幼児の生活経験から「見学」「リズム」「休息」「自由遊び」「音楽」「お話」「絵画」「製作」「自然観察」「ごっこ遊び・劇遊び・人形芝居」「健康保育」「年中行事」の12項目が設定された。中でも現在の領域「人間関係」と関連のあるものとして，次の項目が示されている。

保育要領──幼児教育の手引き

六　幼児の保育内容──楽しい幼児の経験

4　自由遊び

　　　　　　　　　　　　　　　　　　　　　　　　　　　　　　　　

　そこでは活ぱつな遊びのうちに自然にいろいろの経験が積まれ，話し合いによって観察も深められ，くふうや創造が営まれる。自分の意志によっ

2章　幼稚園教育要領，保育所保育指針，幼保連携型認定こども園教育・保育要領と領域「人間関係」　33

て好きな遊びを選択し自分で責任をもって行動することを学ぶ。子供どうしの自由な結合からは，友愛と協力が生まれる。

　（二），自由遊びとその指導
……………………………………………………………………………………

　（ロ）自由遊びの打ち切り方。子供の遊びは尊重するが，友だちといっしょに暮らすことによって当然起こる生活のきまりには，その必要を自覚した自律的な行動をとらせたい。遊びの打ち切りも命令によって行うのではなく，その必要を自覚した自発的な打ち切りでありたい。

　（三），自由遊びの観察
……………………………………………………………………………………

　グループ遊びが共同の目的の下に秩序正しく行われているかどうか。その中で子供ひとりひとりがどんな役割を果たしているか。更に他のグループと交渉を持ち，遊びを発展させてゆくかどうか。
……………………………………………………………………………………

10　ごっこ遊び・劇遊び・人形芝居
ごっこ遊び
　人形・おもちゃの動物・積み木・草花・木の葉など何でも使って幼児たちは自由に社会や家庭の模倣遊びをする。おかあさんごっこ・動物園ごっこ・汽車ごっこなど，次から次へと展開されてゆく。幼児はこの遊びを通して社会性を獲得していく。……

　これらのことから『保育要領』において「人間関係」についての教育として求められていたものとして次のような内容が挙げられる。
①自由な活動を通して，他の子どもと互いに親しみ，協力する力を身に付ける
②他の子どもと園生活を過ごすことを通して，生活のきまりを理解し，その必要性を自覚した自律的行動を身に付ける
③様々な遊びを通して，社会性を身に付ける

34

　そして，この『保育要領』は，保育者や幼稚園のためだけではなく，保育所や託児所などのいろいろな幼児のための施設，さらには，家庭で子育てをする母親など，幅広い対象のために作成されたことが特徴なのである。

2　幼稚園教育要領の成立と領域「人間関係」

　1956（昭和 31）年に「『教育要領』を改訂した教育要領が作成された。この教育要領の特徴としては次の内容が挙げられる。

　①幼稚園のみを対象としていること

　②幼稚園の保育内容と小学校の教育内容に一貫性をもたせたこと

　③幼稚園教育の目標を具体化し，指導計画作成に役立つようにしたこと

　④幼稚園教育における指導上の留意点を明示したこと

　⑤保育内容が初めて「領域」という言葉で扱われ 6 領域に区分されたこと

　特に保育内容が，保育要領では「楽しい幼児の経験」に基づき，実際の幼児の活動を中心に 12 項目であったのに対し，「教育要領では幼児に活動させるためには，事項を組織しなければ実際の幼児の活動にならないという特性をもっている」とし，「健康」「社会」「自然」「言語」「絵画制作」「音楽リズム」の 6 領域に区分された。

　この 6 領域のうち，その後の領域「人間関係」につながる領域として「社会」が示されている。領域「社会」では，望ましい経験として 8 項目が挙げられており，特に領域「人間関係」に関連する項目として，「1. 自分でできることは自分でする」「2. 仕事をする」「3. きまりを守る」「4. 物をたいせつに使う」「5. 友達と仲よくしたり協力したりする」「6. 人々のために働く身近な人々を知り，親しみや感謝の気持ちをもつ」の 6 項目が挙げられる。そしてその具体的な内容は 38 項目にわたった。

　この 6 領域の分類は，幼児の生活経験を組織的に考え，かつ指導計画を立案する便宜さから設定されたものであり，小学校の教科とは異なることから，領域という言葉によって示されたのである。

　しかし実際には，小学校の教科である「国語」や「社会」「理科」「音楽」などと，

2章　幼稚園教育要領，保育所保育指針，幼保連携型認定こども園教育・保育要領と領域「人間関係」　35

幼稚園における領域「健康」「社会」「自然」「言葉」「絵画制作」「音楽リズム」などとがよく似ていることから，保育現場では，小学校の各教科と教育要領の6領域は，同様な性格を持つものと認識されやすかったのである。そしてこれに加え，学校教育の一貫性から，小学校との連携意識が強く生まれてしまったのである。

3　幼稚園教育要領の「告示」と保育所保育指針の「通知」

　その後，1964（昭和39）年において教育要領は，初めて「告示」となり，これにより，法的拘束力を持つものとなった。

　また，6領域の考え方は踏襲されたが，領域の各事項を幼稚園修了までに達成することが「望ましいねらい」として明示されたのである。そして，領域「社会」において「1.個人生活における望ましい習慣や態度を身につける」「2.社会生活における望ましい習慣や態度を身につける」「3.身近な社会の事象に興味や関心をもつ」の3つの「望ましいねらい」と共に，その具体的な内容として27項目が示されたのである。

　一方，保育所については，1965（昭和40）年，厚生省児童家庭局から初めて「保育所保育指針」が通知された。この保育指針では，第1章「総則」に保育理念が以下のとおり，明記されたのである。

①保育所は，保育に欠ける乳幼児を保育することを目的とする児童福祉のための施設であること
②保育は，常に乳幼児が安定感をもって十分活動ができるようにし，その心身の諸能力を健全で，調和の取れた姿に育成しなければならないこと
③養護と教育とが一体となって，豊かな人間性をもった子どもを育成するところに，保育所における保育の基本的性格がある

そして，この保育指針は教育要領と比較して，次のような特徴が見られる。
①教育要領は，わが国の基準として文部大臣の「告示」となっていたのに対し，保育指針は厚生省児童局長の「通知」として出された
②これまでの保育所行政において，子どもの指導については「教育」とい

う言葉は使われなかったが，これ以後使われるようになった

③教育要領では，「ねらい」を幼稚園修了までとし，年齢で区分すること
　がなく設定したのに対し，保育指針では多様な年齢層の子どもが存在す
　ることから，保育内容を「1歳3カ月未満児」から「6歳児」までの7つ
　の段階に，区分して示した

　そして，この7つの年齢区分と保育の内容構成について表2－1のように示
されたのである。さらに，その後の領域「人間関係」につながる領域「社会」
は，2歳児以上の保育の内容に組み込まれ，4歳児以上では，教育要領の6領
域がほぼ合致するような形で構成されたのである。

　しかし，この時の教育要領においても，領域名を変更しなかったことに加え，
「幼稚園教育指導書」を領域別に作成し，それに望ましい経験や活動を示した
ことなどにより，これまでの教育要領に対する誤った認識が，修復されること
はなく，引き継がれてしまったのである。

　このような状況に鑑み，1989（平成元）年には教育要領が改訂，1990（平成
2）年には保育指針が改訂されたのである。

表2－1　1965（昭和40）年刊行『保育所保育指針』保育の内容構成

保育の年齢区分	保育の内容構成
1歳3カ月未満児	生活・遊び
1歳3カ月から2歳まで	
2歳児	健康・社会・遊び
3歳児	健康・社会・言語・遊び
4歳児	健康・社会・言語・自然・音楽・造形
5歳児	健康・社会・言語・自然・音楽・造形
6歳児	健康・社会・言語・自然・音楽・造形

筆者作表

4 1989（平成元）年幼稚園教育要領，及び 1990（平成 2）年保育所保育指針の改訂

　この改訂された教育要領では，第 1 章「総則」，第 2 章「ねらい及び内容」，第 3 章「指導計画作成上の留意事項」からなる非常に簡潔なものとなった。そして，その特徴は次のとおりである。

①第 1 章「総則」に幼稚園教育の基本を示し，「環境による教育」「幼児期にふさわしい生活の展開」「遊びを通しての総合的指導」「一人一人の発達の特性に応じた指導」などを幼稚園教育の基本とすることが明示されたこと

②これまでの 6 領域が 5 領域「健康」「人間関係」「環境」「言葉」「表現」に変更されたこと

③幼稚園教育の「ねらい」を幼稚園修了までに育つことが期待される「心情，意欲，態度など」とし，保育の特質を明示したこと

　また，保育指針も教育要領の改訂と整合性を図るため改訂が行われ，1990（平成 2）年に厚生省児童局長の通知として示されたのである。特に教育要領と大きく異なることは，保育内容構成が，「ねらい」と「内容」を「6 カ月未満児」から「6 歳児」までを 8 区分に分けて示しており，「内容」のうち，3 歳以上児では，生命の維持と情緒の安定に関わる事項については 5 領域とは別に「基礎

表 2-2　領域「社会」と領域「人間関係」の比較，関連

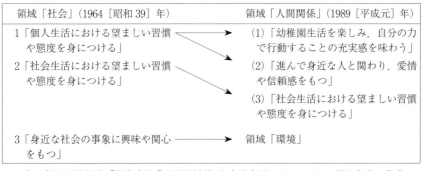

小田豊・奥野正義編著『保育内容「人間関係」』北大路書房，2009，20-21 頁を参考に作成

的事項」として示されていることである。

この改訂された教育要領と保育指針では，先述した問題点を踏まえ5領域に変更され，これまで領域「社会」として示された領域は，表2－2のとおり「人間関係」及び「環境」に分けられたのである。そして，領域「人間関係」は，「他の人々と親しみ，支え合って生活するために，自立心を育て人と関わる力を養う」という観点から示された。

5　1998（平成10）年幼稚園教育要領，及び1999（平成11）年保育所保育指針の改訂

教育要領については，先の教育要領の趣旨を受け継ぐということであったが，この改訂では幼稚園教育は「生きる力の基礎」を育むことが明示された。また保育指針では教育要領の改訂に伴い，多少の整合性を図る程度で，1990（平成2）年のものを踏襲したものとなったのである。

6　2008（平成20）年幼稚園教育要領の改訂と保育所保育指針の改定

その後も幼児を取り巻く様々な環境の変化や家庭・地域における教育力の低下などにより，様々な問題点が指摘されるようになった。そこで2006（平成18）年に「教育基本法」，2007（平成19）年に「学校教育法」が改正され，幼稚園の位置づけが明確となり，幼稚園教育の重要性がより一層明確に示されたのである。

「教育基本法」「学校教育法」の改正を踏まえて改訂された教育要領では大きな改訂はないが「義務教育およびその後の教育の基礎を培う」という視点から，次のポイントを示すことができる。

①発達や学びの連続性を踏まえ，幼・小の円滑な連携を図ること

②幼稚園と家庭などでの生活の連続性を踏まえた幼児教育の充実を図ること

③幼稚園における子育て支援及び預かり保育の充実を図ること

また，保育指針では，これまで保育指針は厚生省児童家庭局長の「通知」であり，この通知を受けた都道府県知事はこれに基づき，管内の市町村の保育所

及び保育士の指導を行うものであった。しかし，子どもを取り巻く環境が大きく変化し，保育所に求められる機能がますます拡大する中，2008（平成20）年に大幅な改定がなされたのである。その内容は次のとおりである。

①保育指針が，これまで厚生省児童家庭局長の「通知」から厚生労働大臣が定める「告示」に変更され，これにより規範性を有する最低基準として，幼稚園教育要領と同じ位置づけになった

②保育指針が，これまで13章により内容が構成されていたものを，7章に整理され大綱化された

③保育指針が保育現場はもちろんのこと子育てをしている保護者にも活用され，理解が深まるよう，その内容が分かりやすい表現に見直された

④保育指針に合わせて内容の解説や補足説明などを記載した解説書（ガイドライン）が作成された

7 2014（平成26）年幼保連携型認定こども園教育・保育要領の告示

2015（平成27）年，少子化の進行，都市部を中心とした待機児童問題，児童虐待など，わが国が抱える様々な問題解消を目的に「子ども・子育て支援新制度」が始まった。その一環として認定こども園の一類型である幼保連携型認定こども園について学校及び児童福祉施設としての法的位置づけを明確にすると共に，その教育及び保育の内容について，教育・保育要領が策定された。

これは，教育要領及び保育指針との整合性，及び小学校における教育との円滑な接続が図られた内容となっている。

また，幼保連携型認定こども園以外の認定こども園においても，この教育・保育要領の内容を踏まえることとされた。

8 2017（平成29）年幼稚園教育要領，保育所保育指針，幼保連携型認定こども園教育・保育要領の改訂（改定）

今回の改訂（定）における最も大きな変更は，教育要領において前文が付け

加えられ，「教育基本法」第1条に基づき，幼児期における教育について5つの目標が明示されたことである。そして，幼児教育において生きる力の基礎を培うために育みたい資質・能力の3項目を踏まえ，「幼児期の終わりまでに育ってほしい姿」10項目とこれまでの5領域との関連が示された。これは，幼児教育を行う施設でもある保育所，並びに幼保連携型認定こども園においても共有すべき事項として，保育指針及び教育・保育要領にも示された。これにより，教育機関としての幼稚園，保育所，幼保連携型認定こども園と小学校との教育の円滑な連携の強化も明示されたのである。

　そして，「幼児期の終わりまでに育ってほしい姿」について，特に領域「人間関係」の視点からは次のような姿が示されている。

　第1章 総則
　　第2　幼稚園教育において育みたい資質・能力及び「幼児期の終わりまでに育ってほしい姿」
3　(2)　自立心
　　身近な環境に主体的に関わり様々な活動を楽しむ中で，しなければならないことを自覚し，自分の力で行うために考えたり，工夫したりしながら，諦めずにやり遂げることで達成感を味わい，自信をもって行動するようになる。
　(3)　協同性
　　友達と関わる中で，互いの思いや考えなどを共有し，共通の目的の実現に向けて，考えたり，工夫したり，協力したりし，充実感をもってやり遂げるようになる。
　(4)　道徳性・規範意識の芽生え
　　友達と様々な体験を重ねる中で，してよいことや悪いことが分かり，自分の行動を振り返ったり，友達の気持ちに共感したりし，相手の立場に立って行動するようになる。また，きまりを守る必要性が分かり，自分の気持ちを調整し，友達と折り合いを付けながら，きまりをつくった

り，守ったりするようになる。

(5) 社会生活との関わり

　家族を大切にしようとする気持ちをもつとともに，地域の身近な人と触れ合う中で，人との様々な関わりに気付き，相手の気持ちを考えて関わり，自分が役に立つ喜びを感じ，地域に親しみをもつようになる。また，幼稚園内外の様々な環境に関わる中で，遊びや生活に必要な情報を取り入れ，情報に基づき判断したり，情報を伝え合ったり，活用したりするなど，情報を役立てながら活動するようになるとともに，公共の施設を大切に利用するなどして，社会とのつながりなどを意識するようになる。

　これは，保育所の生活において，保育者との信頼関係を通して，友達と共に過ごす楽しさや充実感を感じながら，自分の力によって生活する力や友達などと協力したりしながら目標を達成していく力を養うこと。また，様々な物事における自分自身の責任を果たすことや，きまりを守ることなど，規範意識や道徳性の重要性や，家族をはじめ，地域社会における人々と関わり，親しみを持ちながら社会とつながっていくことの重要性が明示されたのである。

　その他教育要領における改訂については以下のとおりである。

①教育課程の役割と編成等について，「幼児期の終わりまでに育ってほしい姿」を踏まえながら，資質・能力を育成するため，家庭・地域の支援などを経ながらのカリキュラム・マネジメントの実現が明示された

②指導計画作成上の留意事項では，資質・能力を育むための主体的・対話的な深い学びの必要性と子ども一人一人の評価の重要性が明示された

③特別な配慮を必要とする幼児への指導について障害のある子ども及び海外から帰国した子どもに対し，個々のそれぞれの実態の把握と個別の指導計画の作成と活用の必要性が明示された

④幼稚園運営上の留意事項において園内の教職員の協働体制によるカリキュラム・マネジメントの充実について明示された

　そして，保育指針においても次のような特徴が見られる。

①「総則」に新たに「養護に関する基本的事項」が設けられ,「養護の理念」
及び「養護に関わるねらい及び内容」が明示された

②「保育の計画及び評価」において,保育の目標を達成するため,子ども
の発達過程を踏まえながら,子どもや家庭の実態,そして地域の状況な
どを考慮し,全体的な計画を創意工夫し,作成すると共に評価の結果を
踏まえた改善による,質の向上の重要性が明示されたのである

③「保育の内容」において,「乳児保育に関わるねらい及び内容」「1歳以
上3歳未満児の保育に関わるねらい及び内容」「3歳以上児の保育に関す
るねらい及び内容」の3区分に分けられ,主に教育に関する側面から示
されると共に,「子どもの発達」が削除された

④「健康及び安全」においてアレルギー疾患を有する子どもへの対応,保
育中の事故防止対策の充実を図ることの重要性が明示されたと共に災害
への備えについて新たに付け加えられた

⑤「職員の資質向上」においても,キャリアパスの明確化と研修体系作成
による職員の資質や専門性向上の必要性について明示された

　さらに,教育・保育要領の改訂においては,保護者の就労等にかかわらず,
教育・保育を一体的に行う施設として,また地域の子育て支援の拠点としての
特性から,教育要領及び保育指針との整合性に基づいて,次のような特徴が見
られる。

①「総則」において,幼保連携型認定こども園では,その特性から様々な
年齢や生活背景を持つ子どもに対する教育及び保育を通しての学びの連
続性に配慮することが示された

②「教育及び保育の内容並びに子育て支援に関する全体的な計画等」にお
いて,教育及び保育において育みたい資質・能力を踏まえつつ,子育て
支援等も含めた全体的な計画の作成,実施及び改善に基づく,カリキュ
ラム・マネジメントの推進の必要性が明示された

③旧教育・保育要領の「指導計画作成にあたって配慮すべき事項」が「指
導計画の作成と園児の理解に基づいた評価」に改められ,その中の「指

2章　幼稚園教育要領，保育所保育指針，幼保連携型認定こども園教育・保育要領と領域「人間関係」　43

導計画の作成上の留意事項」に示された。そのうち，領域「人間関係」
に関する事項は，次のとおりである

第1章　総　則
第2　教育及び保育の内容並びに子育ての支援等に関する全体的な計画等
2　指導計画の作成と園児の理解に基づいた評価
（3）　指導計画の作成上の留意事項
　オ　園児が次の活動への期待や意欲をもつことができるよう，園児の実
態を踏まえながら，保育教諭等や他の園児と共に遊びや生活の中で見通し
をもったり，振り返ったりするよう工夫すること。

　また，「園児の理解に基づいた評価の実施」が新たに設けられ，子ども一
人一人の発達の理解に基づく評価の重要性と留意事項について示された
④第2章「ねらい及び内容並びに配慮事項」において，保育指針と同様に
　「乳児期の園児の保育に関するねらい及び内容」及び「満1歳以上満3歳
　未満の園児の保育に関するねらい及び内容」，そして「満3歳以上の園
　児の教育及び保育に関するねらい及び内容」の3区分に分けられ具体的
　に示された
⑤「健康及び安全」が保育指針の内容に基づき，新たに設けられた
⑥「子育ての支援」について，保育所との整合性を図りながら，幼保連携
　型認定こども園の特性を踏まえ，新たに設けられた

2節　幼稚園教育要領と領域「人間関係」

1　領域「人間関係」の重要事項

　2017（平成29）年改訂の新教育要領において，領域「人間関係」では，特
に次の2点が重要事項として挙げられる。

a 「ねらい」における重要事項

今回の改訂においても，園生活を楽しみ，自分の力で行動しながら身近な人との関わりを通して愛情や信頼感を育みながら充実感を味わい，そのために必要な習慣や態度を身に付けることには変わりはない。しかし旧教育要領では，領域「人間関係」の「ねらい（2）」は，「身近な人々に親しみ，関わりを深め，愛情や信頼感を持つ」であったが，新教育要領では，「工夫」「協力」「一緒に活動する楽しさ」という言葉が加えられた。このことは，これまでの他者との関わりを通して愛情や信頼感を深めるだけではなく，子ども自身の力により，工夫したり，協力することを通して，徐々に園生活の楽しさを感じながら，他者への愛情や信頼感が生まれ充実した園生活を過ごす力を身に付けることの必要性が示されたものである。そして，園生活を過ごす力が他者とのつながりを深め，さらには小学校の教育へとつながる基礎となるものであり，新教育要領でその重要性が示されたのである。

b 「内容の取扱い」についての重要事項

「内容の取扱い（1）」において，旧教育要領では，「……試行錯誤しながら自分の力で行うことの充実感を味わうことができるよう，幼児の行動を見守りながら適切な援助を行うようにすること」であったが，今回の改訂では，身近な人との関わりを通して，諦めずやり遂げる達成感と共に，前向きな見通しをもって，自分の力でやり遂げ充実感を味わえるよう援助することの重要性が示された。

また，「内容の取扱い（2）」においては，旧教育要領では，「……特に，集団生活の中で，幼児が自己を発揮し，教師や他の幼児に認められる体験をし，自信をもって行動できるようにすること」であったが，身近な人に認められるだけではなく，自分自身のよさや特徴などに気付き，自己肯定感を持ち，自信を持って行動できるよう援助することの必要性が示されたのである。

2 領域「人間関係」の「ねらい及び内容」

a 領域「人間関係」の「ねらい」

　幼稚園教育における領域「人間関係」では,「他の人々と親しみ, 支え合って生活するために, 自立心を育て, 人と関わる力を養う」という観点から,「ねらい」「内容」「内容の取扱い」が示されている。

　「ねらい」は幼稚園教育において育みたい資質・能力を子どもの生活する姿から捉えたものである。「内容」は,「ねらい」を達成するために指導する事項である。つまり, 園生活での子どもの主体的な体験, 経験を通して, 徐々に達成するために保育者が援助を行う具体的な活動内容である。

　そして「ねらい」及び「内容」に基づく活動は, 園での活動全体を通して資質・能力が育まれている子どもの「幼児期の終わりまでに育って欲しい姿」であることを踏まえて, 指導を行う時に考慮しなければならない。

　さらに, 保育者が子どもの発達を踏まえた指導を行うに当たって, 留意しなければならない具体的事項として「内容の取扱い」が示されている。

　以下においては, まず「ねらい」について説明する。

第2章　ねらい及び内容

人間関係

〔他の人々と親しみ, 支え合って生活するために, 自立心を育て, 人と関わる力を養う。〕

1　ねらい

(1) 幼稚園生活を楽しみ, 自分の力で行動することの充実感を味わう。

(2) 身近な人と親しみ, 関わりを深め, 工夫したり, 協力したりして一緒に行動する楽しさを味わい, 愛情や信頼感をもつ。

(3) 社会生活における望ましい習慣や態度を身に付ける。

　人と関わる力の基礎となるのは, 身近にいる家族などに見守られ, 保護される関わりを通して築かれる絆, つまり愛情, 信頼感である。そして, さらにそ

れを基礎として，自分自身の生活を確立していくことによって人と関わる力は育っていく。

幼稚園生活においては，この信頼感に支えられながら自分の力で行う充実感や満足感を味わい，自分自身の園生活を確立していかなくてはならない。そのためには，まず保育者との絆を形成し，子ども自身が保育者を信頼し，安定した園生活を送ることが重要である。

また，今回の改訂で「ねらい」に「幼児期の終わりまでに育ってほしい姿　(3) 協同性」を踏まえ，新たに「工夫したり，協力したりして一緒に活動する楽しさを味わい」という文言が付け加えられた。園生活において，他の子どもや保育者など身近な人との関わりの中で，自分の存在を感じたり，他の人々と共に活動する楽しさを味わい，時には「いざこざ」などを通して他者の存在に気付き，互いに理解し合う経験を重ねながら，身近な人と親しみ，関わりを深め，他者への思いやりや共感する心が養われていくのである。

さらに，園生活は集団生活の場であるため，そこには様々なきまりや約束ごとが存在する。たとえば，登園したら先生に挨拶をすること，お昼ごはんの時には手を洗うなど園生活を送るためのきまりや，友達と仲良く遊ぶこと，園の物は他の子どもと共有することなど，集団生活を送るために必要なルールがある。このようなことを園生活の中で実際に体験し，きまりやルールを守ることの重要性，また，よいことや悪いことに気付き，考えて行動するなど，自分自身の気持ちを調整しながら，生活のために必要な習慣や態度を身に付けていくことが人と関わる力を育てることになる。

　b　領域「人間関係」の「内容」

領域「人間関係」の「内容」は以下の13事項が設定されている。これは旧教育要領の内容と同一である。

2　内容

(1) 先生や友達と共に過ごす喜びを味わう。

(2) 自分で考え，自分で行動する。

2章　幼稚園教育要領，保育所保育指針，幼保連携型認定こども園教育・保育要領と領域「人間関係」　47

(3) 自分でできることは自分でする。

(4) いろいろな遊びを楽しみながら物事をやり遂げようとする気持ちをもつ。

(5) 友達と積極的に関わりながら喜びや悲しみを共感し合う。

(6) 自分の思ったことを相手に伝え，相手の思っていることに気付く。

(7) 友達のよさに気付き，一緒に活動する楽しさを味わう。

(8) 友達と楽しく活動する中で，共通の目的を見いだし，工夫したり，協力したりなどする。

(9) よいことや悪いことがあることに気付き，考えながら行動する。

(10) 友達との関わりを深め，思いやりをもつ。

(11) 友達と楽しく生活する中できまりの大切さに気付き，守ろうとする。

(12) 共同の遊具や用具を大切にし，皆で使う。

(13) 高齢者をはじめ地域の人々などの自分の生活に関係の深いいろいろな人に親しみをもつ。

(1) 先生や友達と共に過ごすことの喜びを味わう。

　幼稚園は子どもにとって初めての集団生活の場である。入園当初の子どもは，この新しい環境の中で不安を感じる。そこで必要なことは，保育者との関わりであり，そこから生まれる絆，信頼関係である。これを基礎として安定した園生活を送りながら，生活の中で起こる様々な出来事を通して，ほかの子どもに気付いたりしながら，徐々にほかの子どもとの関わりが広がっていく。そして，保育者や友達と園生活を送る楽しさや喜びを見出していくのである。その際保育者は，まず子ども一人一人の姿を受け入れることが大切である。そして子どもに目を向けながら，その時々の気持ちや欲求を理解し，安定した生活が送れるよう援助しなければならない。

(2) 自分で考え，自分で行動する。

　自分で考え，自分で行動する態度を育てるためには，自分が興味や関心を持つ活動を行う中で次第に目あてを持ったり，自分の思いが実現するよう工夫し

て，そうした課題を乗り越えることが重要である。この時，保育者はまず子どもの行動や思いをありのまま認め，見守りながら，自分自身の気持ちや考えを素直に言葉や行動で子どもに伝えることが大切である。そして，時には子ども同士の関わりの中で，自分の考えが受け入れられたり，拒否されたりする経験を通して，自分や相手に気付いていくという体験が大切である。この時，保育者は一人一人の思いを認めながら子ども同士の思いが伝わるような援助をすることが必要である。

(3) 自分でできることは自分でする。

　子ども自身ができるだけ自分の力でやろうとする意欲を育てることは，非常に重要である。自らやりたいという意欲を持ったり，やったらできたという充実感や満足感を味わうことは自立の第一歩である。このために，保育者は，それぞれの子どもの発達に即した適切な受容や励ましなどによって，子ども自身がやり遂げることの満足感を十分に味わうことができるような援助をすることが必要である。

　また，依存と自立は対立するものではなく，子どもは保護者や保育者を心の拠り所としながら，行きつ戻りつする過程の中で次第に自立に向かっていくのである。そのため身の回りのことなどについて先を急ぐあまり，型にはめ込んでしまうと，言われたとおりにしか行動できなくなり，かえって幼児の自立を妨げる結果になる恐れがあるので，十分注意する必要がある。

(4) いろいろな遊びを楽しみながら物事をやり遂げようとする気持ちをもつ。

　いろいろな遊びを楽しみながら，物事をやり遂げようとする気持ちを持つことは，子どもの自立を養う上で重要である。しかし，子どもの遊びは必ずしも長続きせず，途中でうまくいかなくなることもある。その際，保育者は子どものやり遂げたいという気持ちを大切にして，子どもが自分なりの満足感や達成感を感じることができるよう，援助することや，やり遂げたことを子どもと一緒に喜び合うことが大切である。

　また，子どもたちは，友達と共に遊ぶ楽しさを経験するうちに，友達と一緒に物事をやり遂げたいという気持ちが強まっていく。さらに１人ではやり遂げ

2章　幼稚園教育要領，保育所保育指針，幼保連携型認定こども園教育・保育要領と領域「人間関係」　49

られなくても皆と一緒であれば，くじけずに目標を目指してやり遂げようという気持ちが養われていくのである。こうした気持ちが，(8) の協同する経験にもつながっていくのである。

(5) 友達と積極的に関わりながら喜びや悲しみを共感し合う。

　子どもは，園生活における人々との関わりの中で，いろいろな出来事に出会い，喜び，悲しみ，楽しさや怒りなど様々な感情的な体験を重ねていく。

　入園当初は，自分だけの世界しか感じることのできなかった子どもも徐々に園生活に慣れ，相手の存在を感じながら，同じ場で同じような感情を持つことを経験する。さらに，友達と一緒に遊んだりする体験から喜びや楽しさを分かち合ったり，時には友達と意見がぶつかり合い，怒りや悲しみを感じるなど様々な体験を重ねていく。そして心を動かす様々な出来事を友達と共有したり，相手の感情にも気付いていくことができるようになる。

　保育者は，子どもが安心して自分のしたいことに取り組むことを通して，友達と過ごす楽しさを味わったり，自分の存在を感じたりして，友達との様々な感情の交流ができるように，援助することが大切である。

(6) 自分の思ったことを相手に伝え，相手の思っていることに気付く。

　子どもは，相手に親しみを感じるようになると，自分の思いを伝えようとする。初めは一方的に自分の思いを伝えようとすることが多いが，相手に対する興味や親しみが増してくると，自己中心的な主張をしながらも，少しずつ，相手に分かるように伝えようとする。この相互のやり取りの中で次第に相手の思っていることに気付き，子ども同士の関わりが深められていくのである。保育者は，子どもが自分の思いを相手に伝えることができるように，また，相手の思っていることに気付いていくことができるように援助することが大切である。

　しかし時には，子ども同士がぶつかり合い，「いざこざ」が生じることもある。保育者は，日常の子どもの様子や「いざこざ」の状況を見極めながら，それぞれの子どもの主張や気持ちを十分に受け止め，互いの思いが伝わるようにしたり，子どもが納得して気持ちの立て直しができるような援助をすることが必要

50

である。

（7）友達のよさに気付き，一緒に活動する楽しさを味わう。

　子どもは，保育者や様々な個性を持った友達との生活の中で，次第に互いの心情や考え方などの特性に気付き，その特性に応じた関わり方をするようになる。そして遊びの中でそのよさなどが生かされ，一緒に活動する楽しさが増してくるのである。

　このためには，園生活の中で，友達と様々な出来事を共に経験し，互いの感じ方や考え方，行動の仕方などに関心を寄せ，それらを互いに共有し合うことを通して，それぞれの違いや多様性に気付いていくことが大切である。そして，互いが認め合うことで，生活がより豊かになっていく体験を重ねることも重要である。

　保育者は一人一人の子どもの可能性やよさなどを見出し，その子らしさを認め，ありのままを受け入れる姿勢を大切にし，子ども自身も友達のよさに気付いていけるような援助が必要である。

（8）友達と楽しく活動する中で，共通の目的を見出し，工夫したり，協力したりなどする。

　園生活の中で，友達との様々な関わりを体験しながら，子ども同士は，互いのよさや特性に気付き，友達関係を形成すると共に，次第に人間関係を広げ，深めていく。そして人間関係が深まるにつれて，子ども同士に共通の思いや目的が生まれ，遊びや活動を展開する中で，子ども同士が共に工夫し，協力するようになる。

　しかし，時には，子ども同士主張がぶつかり合い，折り合いを付ける必要もあるが，これを繰り返しながら，子どもは工夫したり，協力したりする楽しさや充実感を味わうようになる。このような経験を重ねながら仲のよい友達だけではなく，いろいろな友達と一緒に，さらにはクラス全体で協同しながら遊ぶようになっていくのである。この際，大切なことは，単に一緒に遊ぶだけでなく，子どもたちが目的を共有する，工夫する，協力して課題を解決するなど，どの子どもも生き生きとした関係性を持てるようにすることである。

2章　幼稚園教育要領，保育所保育指針，幼保連携型認定こども園教育・保育要領と領域「人間関係」　51

　そのためには，保育者は一人一人の子どもが十分に自己発揮しながら，ほかの子どもと多様な関わりが持てるように援助し，遊びを通して子どもが，互いの共通の願いや目的が生まれ，工夫したり，協力したりする楽しさや充実感を十分に味わえるように援助することが大切である。

（9）よいことや　悪いことがあることに気付き，考えながら行動する。

　子どもは，他人の様々な反応によって，よい行動や悪い行動があることに気付き，自分なりの規範の基準を作り上げていく。特に親や保育者のような信頼し，尊敬している大人の反応は重要である。子どもは大人の承諾や否認に基づいて善悪の枠を作り，また，それを大人の言動により確認する。したがって，保育者は，ただ善悪を教え込むのではなく，子どもが何をしなければならなかったのか，その行動の何が悪かったのかを，自分なりに考えることができるような援助をすることが必要である。そして，人としてしてはいけないことは，「悪い行為である」ということを明確に示す必要がある。

　こうした保育者からの働きかけが受け入れられるためには，保育者と子どもとの間に信頼関係があることが非常に重要となるのである。

（10）友達との関わりを深め，思いやりをもつ。

　子どもがほかの子どもの気持ちに共感したり，苦労を示す相手を慰めたり，助けようとする行動は，かなり幼い頃から見ることができる。ただし，幼い頃は，まだ，自己中心的な感情理解であるため，直ちに適切な行動をすることは困難である。しかし，次第に，他人との様々なやり取りの中で，自分と他人の気持ちや欲求は異なることが分かるにつれ，共感や思いやりのある行動ができるようになっていく。そして，園生活の中での友達との関わり，感情的な行き違いや互いの欲求の対立などのような経験を通して，相手方の理解や相手の立場に立って考えられるようになるのである。また，思いやりのある行動は，仲のよい友達を持つことや，保育者や友達に受け入れられていると感じる時に育ちやすい。

　このため，保育者は子どもが友達との関わりを深められるように援助すると共に，子ども一人一人を大切にし，相手の感情や視点に気付くような働きかけ

をすることが重要である。

（11）友達と楽しく生活する中できまりの大切さに気付き，守ろうとする。

　園生活には，生活上必要な様々なきまりが存在する。子どもは，集団生活や友達との遊びを通して，きまりがあることに気付き，その必要性を理解しながら，徐々に自己統制力を身に付けていく。しかし，中には，なぜそのきまりが必要なのかが子どもには分からない場合もある。保育者は，日々の生活の中できまりを守らないため生じた問題に気付かせ，きまりの必要性を子どもなりに理解させるようにし，きまりを守らせることだけでなく，きまりの必要性を理解した上で，守ろうとする気持ちを持たせることが大切である。

　特に，友達との遊びの中では，楽しく遊ぶためには参加者がルールに従うことの重要性や，より楽しく遊ぶために自分たちでルールを作ったり，変えたりすることの大切さも理解していく。これは，生活上のきまりを理解し，守ろうとする姿勢や力の基盤となるもので非常に重要である。

（12）共同の遊具や用具を大切にし，皆で使う。

　物を大切にする気持ちを養うためには，まず，遊具や用具で遊び，楽しかった，面白かったという体験を十分に積み重ねることを通して物に対する愛着などを育てることが大切である。そして，次第にその物を自分も使いたいが，他の子どもと共有しなくてはならないため，子ども同士の衝突やいざこざが起こる。このような体験を通して，個人のものと共同のものとがあることに気付かせていくことが必要である。

　保育者は，子どもたちの園生活を豊かなものにしていくために，子ども同士の要求に折り合いを付けたり，我慢したりする必要があることを理解させていくことが大切である。

（13）高齢者をはじめ地域の人々などの自分の生活に関係の深いいろいろな人に親しみをもつ。

　園生活を通して，地域の人々と積極的に関わりを持つことは，人と関わる力を育てるためには重要なことである。このような地域の人々との関わりを通して，社会の中で様々な役割を持つ人々がいて，各々が支え合って生きているこ

2章　幼稚園教育要領，保育所保育指針，幼保連携型認定こども園教育・保育要領と領域「人間関係」　53

とを子ども自身が実感することが重要なのである。特に現代の超高齢化社会の中で生きていく子どもたちにとって，地域の高齢者と実際に関わる体験を持つことは非常に重要である。このため園において高齢者を運動会や生活発表会などの行事に招いたり，高齢者がこれまでの長い人生の中で培ってきた知識や技能を活用し，子どもたちに教える機会などを設けたり，子どもたちが老人福祉施設へ訪問に行くなど，子どもたちが高齢者と積極的に交流することのできる工夫をすることが重要である。

　　c　領域「人間関係」の「内容の取扱い」

　新教育要領の「内容の取扱い」も旧教育要領同様の6項目であり，新たに(1)では「諦めずにやり遂げることの達成感や，前向きな見通しをもって」，(2)では「自分のよさや特徴に気付き」という文言が付け加えられた。

　特に「内容の取扱い」については，「1　領域『人間関係』の重要事項　b「内容の取扱い」についての重要事項」（44ページ）参照。

　3　内容の取扱い

　　上記の取扱いに当たっては，次の事項に留意する必要がある。

　(1)　教師との信頼関係に支えられて自分自身の生活を確立していくことが人と関わる基盤となることを考慮し，幼児が自ら周囲に働き掛けることにより多様な感情を体験し，試行錯誤しながら諦めずにやり遂げることの達成感や，前向きな見通しをもって自分の力で行うことの充実感を味わうことができるよう，幼児の行動を見守りながら適切な援助を行うようにすること。

　(2)　一人一人を生かした集団を形成しながら人と関わる力を育てていくようにすること。その際，集団の生活の中で，幼児が自己を発揮し，教師や他の幼児に認められる体験をし，自分のよさや特徴に気付き，自信をもって行動できるようにすること。

　(3)　幼児が互いに関わりを深め，協同して遊ぶようになるため，自ら行動する力を育てるようにするとともに，他の幼児と試行錯誤しながら

活動を展開する楽しさや共通の目的が実現する喜びを味わうことができるようにすること。

(4) 道徳性の芽生えを培うに当たっては，基本的な生活習慣の形成を図るとともに，幼児が他の幼児との関わりの中で他人の存在に気付き，相手を尊重する気持ちをもって行動できるようにし，また，自然や身近な動植物に親しむことなどを通して豊かな心情が育つようにすること。特に，人に対する信頼感や思いやりの気持ちは，葛藤やつまずきも体験し，それらを乗り越えることにより次第に芽生えてくることに配慮すること。

(5) 集団の生活を通して，幼児が人と関わりを深め，規範意識の芽生えが培われることを考慮し，幼児が教師との信頼関係に支えられて自己を発揮する中で，互いに思いを主張し，折り合いを付ける体験をし，きまりの必要性などに気付き，自分の気持ちを調整する力が育つようにすること。

(6) 高齢者をはじめ地域の人々などの自分の生活に関係の深いいろいろな人と触れ合い，自分の感情や意志を表現しながら共に楽しみ，共感し合う体験を通して，これらの人々などに親しみをもち，人と関わることの楽しさや人の役に立つ喜びを味わうことができるようにすること。また，生活を通して親や祖父母などの家族の愛情に気付き，家族を大切にしようとする気持ちが育つようにすること。

3節　保育所保育指針と領域「人間関係」

1　領域「人間関係」の重要事項

　保育指針の，2017（平成29）年における改定の内容については，変遷において先述したとおりであるが，保育の内容について，次のような重要事項が見られる。

2章 幼稚園教育要領，保育所保育指針，幼保連携型認定こども園教育・保育要領と領域「人間関係」 55

a 「ねらい及び内容」の構成における重要事項

旧保育指針では，5領域について全年齢を通して大綱的に示されたが，新保育指針では，子どもの発達上の連続性を重視し，「乳児保育に関わるねらい及び内容」「1歳以上3歳未満児の保育に関わるねらい及び内容」「3歳以上児の保育に関するねらい及び内容」の3区分に分け，新たに設けられたのである。

また，旧保育指針では，教育の側面については，「健康」「人間関係」「環境」「人間関係」「表現」の5領域から構成されていた。しかし，新保育指針の「乳児保育に関わるねらい及び内容」については，その発達特性からこれまでの5領域に分けることが困難なため，「健やかに伸び伸びと育つ」「身近な人と気持ちが通じ合う」「身近なものと関わり感性が育つ」という3つの視点に分けられ，示されたのである。

b 「ねらい及び内容」の内容における重要事項

新保育指針では，「ねらい及び内容」の内容を主に教育に関わる側面から「基本的事項」「ねらい」「内容」「内容の取扱い」で示されたのである。また区分ごとに全般的な「保育の実施に関わる配慮事項」が示されている。

なお，「基本的事項」は3区分各々保育を展開していく上で，保育者が常に留意すべき心身の発達過程と，その特徴及び保育の視点について，示されている。

さらに，保育の実施に関して，保育者が特に留意すべき点について「保育の実施に関して留意すべき事項」として示されている。

c 「情緒の安定」と領域「人間関係」

新保育指針では，「第1章 総則 2 養護に関する基本的事項」が新たに設けられ，「養護の理念」と共に「養護に関わるねらい及び内容」が示された。なお「ねらい及び内容」について若干の変更が見られた。

特に「情緒の安定」の部分では，子どもが他者との信頼関係を築き，安定した園生活の中で自信を持って行動できるようになるための「ねらい」と「内容」が示されている。このことから「情緒の安定」の部分は，領域「人間関係」に示されている事項と深く関係しているといえる。

第1章　総　則

2　養護に関する基本的事項

（2）養護に関わるねらい及び内容

イ　情緒の安定

（ア）　ねらい

① 一人一人の子どもが，安定感をもって過ごせるようにする。

② 一人一人の子どもが，自分の気持ちを安心して表すことができるようにする。

③ 一人一人の子どもが，周囲から主体として受け止められ，主体として育ち，自分を肯定する気持ちが育まれていくようにする。

④ 一人一人の子どもがくつろいで共に過ごし，心身の疲れが癒されるようにする。

（イ）　内容

① 一人一人の子どもの置かれている状態や発達過程などを的確に把握し，子どもの欲求を適切に満たしながら，応答的な触れ合いや言葉がけを行う。

② 一人一人の子どもの気持ちを受容し，共感しながら，子どもとの継続的な信頼関係を築いていく。

③ 保育士等との信頼関係を基盤に，一人一人の子どもが主体的に活動し，自発性や探索意欲などを高めるとともに，自分への自信をもつことができるよう成長の過程を見守り，適切に働きかける。

④ 一人一人の子どもの生活のリズム，発達過程，保育時間などに応じて，活動内容のバランスや調和を図りながら，適切な食事や休息が取れるようにする。

2　領域「人間関係」の「ねらい及び内容」

保育指針における「ねらい」は保育の目標をより具体化したものであり，子

2章　幼稚園教育要領，保育所保育指針，幼保連携型認定こども園教育・保育要領と領域「人間関係」　57

どもの保育所における安定した生活，充実した活動を通して，育みたい資質・能力を捉えたものである。そして，「内容」は「ねらい」を達成するために，子どもの生活やその状況に応じて保育士等が適切に行う事項及び保育士等が援助して子どもが環境に関わって経験する事項を示したものである。

　そして，保育とは，子どもの生命の保持及び情緒の安定を図るため保育者が行う援助である「養護」と，子どもが健やかに成長し様々な活動がより豊かに展開されるための発達の援助である「教育」が一体的に展開されるものである。

（1）領域「人間関係」の「乳児保育に関わるねらい及び内容」
a　領域「人間関係」の「ねらい」

「乳児保育に関わるねらい及び内容」において，3つの視点のうち，領域「人間関係」と深い関連を持つのは「身近な人と気持ちが通じ合う」であろう。以下に示す。

第2章　保育の内容

1　乳児保育に関わるねらい及び内容

（2）ねらい及び内容

　イ　身近な人と気持ちが通じ合う

　　受容的・応答的な関わりの下で，何かを伝えようとする意欲や身近な大人との信頼関係を育て，人と関わる力の基盤を培う。

（ア）ねらい

①　安心できる関係の下で，身近な人と共に過ごす喜びを感じる。

②　体の動きや表情，発声等により，保育士等と気持ちを通わせようとする。

③　身近な人と親しみ，関りを深め，愛情や信頼感が芽生える。

　特に領域「人間関係」の「ねらい」と関連するのは，「①安心できる関係の下で，身近な人と共に過ごす喜びを感じる」である。乳児期は，誕生後の急激な環境の変化や様々な他者との関わりを通して著しい発育・発達が見られる時期であ

る。特定の保育者が受容的・応答的に関わることにより，子どもとの間に絆が形成され，子どもは安心・安定した園生活を送ることができるのである。

さらに保育者の優しい言葉がけなどの関わりとこれに対する子どもの応答を相互に繰り返しながら，「ねらい」の「③身近な人と親しみ，関りを深め，愛情や信頼感が芽生える」が達成されていくのである。

　b　領域「人間関係」の「内容」

「身近な人と気持ちが通じ合う」の「内容」においては，「①子どもからの働きかけを踏まえた，応答的な触れ合いや言葉がけによって，欲求が満たされ，安定感をもって過ごす」「③生活や遊びの中で，自分の身近な人の存在に気付き，親しみの気持ちを表す」「⑤温かく，受容的な関わりを通じて，自分を肯定する気持ちが芽生える」などが領域「人間関係」と関連する。保育者の言葉がけなどによる受容的・応答的な援助と，これに対する子どもの反応との相互作用を繰り返しながら，他者への信頼感や愛情，そして自分自身への肯定感が生まれるのである。

（イ）内容

①子どもからの働きかけを踏まえた，応答的な触れ合いや言葉がけによって，欲求が満たされ，安定感をもって過ごす。

②体の動きや表情，発声，喃語等を優しく受け止めてもらい，保育士等とのやり取りを楽しむ。

③生活や遊びの中で，自分の身近な人の存在に気付き，親しみの気持ちを表す。

④保育士等による語りかけや歌いかけ，発声や喃語等への応答を通じて，言葉の理解や発語の意欲が育つ。

⑤温かく，受容的な関わりを通じて，自分を肯定する気持ちが芽生える。

---

　c　領域「人間関係」の「内容の取扱い」

「イ　身近な人と気持ちが通じ合う」の「内容の取扱い」においては「①保

２章　幼稚園教育要領，保育所保育指針，幼保連携型認定こども園教育・保育要領と領域「人間関係」　　59

育士等との信頼関係に支えられて生活を確立していくことが人と関わる基盤となることを考慮して，子どもの多様な感情を受け止め，温かく受容的・応答的に関わり，一人一人に応じた適切な援助を行うようにすること」が特に領域「人間関係」と深く関連している。この項目においても保育者の子どもに対する受容的，応答的な関わりの重要性が示されている。

（ウ）内容の取扱い

　上記の取扱いに当たっては，次の事項に留意する必要がある。

①保育士等との信頼関係に支えられて生活を確立していくことが人と関わる基盤となることを考慮して，子どもの多様な感情を受け止め，温かく受容的・応答的に関わり，一人一人に応じた適切な援助を行うようにすること。

②身近な人に親しみをもって接し，自分の感情などを表し，それに相手が応答する言葉を聞くことを通して，次第に言葉が獲得されていくことを考慮して，楽しい雰囲気の中での保育士等との関わり合いを大切にし，ゆっくりと優しく話しかけるなど，積極的に言葉のやり取りを楽しむことができるようにすること。

　また，乳児保育に関わる「保育の実施に関わる配慮事項」において５項目のうち，「イ　一人一人の子どもの生育歴の違いに留意しつつ，欲求を適切に満たし，特定の保育士が応答的に関わるように努めること」が領域「人間関係」と関連しており，保育の際には，保育者は留意する必要がある。

（2）領域「人間関係」の「１歳以上３歳未満児の保育に関わるねらい及び内容」

　a　領域「人間関係」の「ねらい」

　新保育指針では「１歳以上３歳未満児の保育に関わるねらい及び内容」として，５領域が新たに設けられた。領域「人間関係」の「ねらい」について以下に示す。

第2章　保育の内容
2　1歳以上3歳未満児の保育に関わるねらい及び内容
（2）ねらい及び内容
イ　人間関係
　　他の人々と親しみ，支え合って生活するために，自立心を育て，人と
　関わる力を養う。
（ア）ねらい
①保育所での生活を楽しみ，身近な人と関わる心地よさを感じる。
②周囲の子ども等への興味や関心が高まり，関わりをもとうとする。
③保育所の生活の仕方に慣れ，きまりの大切さに気付く。

　1歳を過ぎる頃になると物をつまんだり歩いたりなど，手足の運動機能が発達することにより，盛んに身近な人や身近な物などに自発的に働きかけるようになる。また，言葉も発達し，保育者の言うことが分かるようになり，自分の思いを身振りや片言の言葉を使って相手に伝えるようになる。そして2歳頃には，自己主張をする姿も見られるようになる。また，この頃模倣が盛んになり，保育者と一緒に簡単なごっこ遊びなどを楽しむことができるようになる。このように安定した園生活の中で，徐々に人との関わりを深め，そして楽しむことにより他者への興味・関心，そして様々な環境を通して社会性を養っていく重要性が示されたのである。
　b　領域「人間関係」の「内容」
　「内容」は，以下の6項目が新たに設けられた。

（イ）内容
①保育士等や周囲の子ども等との安定した関係の中で，共に過ごす心地よ
　さを感じる。
②保育士等の受容的・応答的な関わりの中で，欲求を適切に満たし，安定

2章　幼稚園教育要領，保育所保育指針，幼保連携型認定こども園教育・保育要領と領域「人間関係」　　61

感をもって過ごす。

③身の回りに様々な人がいることに気付き，徐々に他の子どもと関わりをもって遊ぶ。

④保育士等の仲立ちにより，他の子どもとの関わり方を少しずつ身につける。

⑤保育所の生活の仕方に慣れ，きまりがあることや，その大切さに気付く。

⑥生活や遊びの中で，年長児や保育士等の真似をしたり，ごっこ遊びを楽しんだりする。

①保育士等や周囲の子ども等との安定した関係の中で，共に過ごす心地よさを感じる。

　子どもにとってまず何よりも大切なのは，安心・安定した園生活である。そのためには，まず，保育者との絆が必要不可欠であり，その絆は，保育者の子どもへの積極的な言葉がけなどの働きかけとそれに対する子どもの反応の相互作用の繰り返しによって形成されていく。そして，次第に他の子ども等の身の回りの人々に目が向けられ，様々な関わりを通して，その心地よさを感じることができるのである。

②保育士等の受容的・応答的な関わりの中で，欲求を適切に満たし，安定感をもって過ごす。

　園生活を通して，保育者の子どもへの働きかけと，それに対する子どもの反応という相互作用の繰り返しを通して，その時々の子どもの状況を理解することができるようになる。子どもが安定した園生活を過ごすためには，子どもに対する積極的な関わりが必要不可欠であり，保育者の受容的・応答的な姿勢が非常に重要なのである。

③身の回りに様々な人がいることに気付き，徐々に他の子どもと関わりをもって遊ぶ。

　生活する中で，他の子どもとの「いざこざ」等を通して，自分とは異なる他者の存在に気付きながら，他の子どもや保育者と遊ぶ体験を通して，徐々に身近な人と関わることへの喜びを感じ，親しみが生まれるのである。

④保育士等の仲立ちにより，他の子どもとの関わり方を少しずつ身につける。

　この頃，子どもは生活の中で，自分の思っていることなどを片言の言葉などで伝えようとする意欲が高まる時期でもある。しかし，友達などとの互いの思いの伝え合いは，発達上困難である。そのため，保育者はその思いをしっかり受け止めながら，子ども同士のパイプ役となって関わりを広げ深めていく援助が必要である。

⑤保育所の生活の仕方に慣れ，きまりがあることや，その大切さに気付く。

　安心・安定した園生活において，様々な環境で直接的な体験する中で，きまりがあることや，その大切さや必要性に気付きながら，人と関わる力を身に付けていくことは，社会性を培う上で重要なことである。

⑥生活や遊びの中で，年長児や保育士等の真似をしたり，ごっこ遊びを楽しんだりする。

　子ども自身が体験・経験したことなどをごっこ遊びなどを通して再現したり，年長児や保育者の姿を言葉や身体表現などと結び付けながら真似てやり取りしたりするなどを楽しむことは，社会性を身に付けていくために必要不可欠であり，非常に重要なことである。特に保育者は，将来を担う子どもたちのモデルとなっていることを忘れてはならない。

　　c　領域「人間関係」の「内容の取扱い」

　「内容の取扱い」においては「③この時期は自己と他者との違いの認識がまだ十分でないことから，子どもの自我の育ちを見守ると共に，保育士等が仲立ちとなって，自分の気持ちを相手に伝えることや相手の気持ちに気付くことの大切さなど，友達の気持ちや友達との関わり方を丁寧に伝えていくこと」が特に重要である。この項目では子ども自身と身近な他者との関わりにおいて，保育者が仲立ちとして重要な役割を果たさなければならないことが示されているのである。

　（ウ）内容の取扱い
　上記の取扱いに当たっては，次の事項に留意する必要がある。

①保育士等との信頼関係に支えられて生活を確立するとともに，自分で何かをしようとする気持ちが旺盛になる時期であることに鑑み，そのような子どもの気持ちを尊重し，温かく見守るとともに，愛情豊かに，応答的に関わり，適切な援助を行うようにすること。

②思い通りにいかない場合等の子どもの不安定な感情の表出については，保育士等が受容的に受け止めるとともに，そうした気持ちから立ち直る経験や感情をコントロールすることへの気付き等につなげていけるように援助すること。

③この時期は自己と他者との違いの認識がまだ十分でないことから，子どもの自我の育ちを見守るとともに，保育士等が仲立ちとなって，自分の気持ちを相手に伝えることや相手の気持ちに気付くことの大切さなど，友達の気持ちや友達との関わり方を丁寧に伝えていくこと。

　d　領域「人間関係」の「保育の実施に関わる配慮事項」
　新保育指針の「保育の実施に関わる配慮事項」は，旧保育指針において「3歳未満児の保育に関わる配慮事項」として示されていたものである。内容については旧保育指針と同様であるが，特に領域「人間関係」に関連するウの事項に「自我が形成され，子どもが自分の感情や気持ちに気付くようになる重要な時期であることに鑑み」の文言が新たに付け加えられた。
　これらの中で，特に領域「人間関係」に関連する配慮事項について以下に示す。

（3）　保育の実施に関わる配慮事項
ウ　自我が形成され，子どもが自分の感情や気持ちに気付くようになる重要な時期であることに鑑み，情緒の安定を図りながら，子どもの自発的な活動を尊重するとともに促していくこと。

（3）　領域「人間関係」の「3歳以上児の保育に関するねらい及び内容」
　領域「人間関係」の「3歳以上児の保育に関するねらい及び内容」については，

教育要領における「ねらい及び内容」と比較して,「幼児」と「子ども」や「先生」と「保育士等」という言葉遣いや,多少の文言の違いはあっても,その内容は同様である。「ねらい及び内容」の説明については,「2節 幼稚園教育要領と領域「人間関係」 2 領域「人間関係」の「ねらい及び内容」」(45ページ)を参照してほしい。

3 領域「人間関係」と「保育の実施に関して留意すべき事項」

旧保育指針では,「保育の実施上の配慮事項」として「(1) 保育に関わる全般的な配慮事項」「(2) 乳児保育に関わる配慮事項」「(3) 3歳未満児の保育に関わる配慮事項」「(4) 3歳以上児に関わる配慮事項」の4項目に分類されていた。新保育指針では「保育の実施に関して留意すべき事項」として,「(1) 保育全般に関わる配慮事項」「(2) 小学校との連携」「(3) 家庭及び地域社会との連携」の3項目に分類され,すべての領域に関連する事項として,以下のとおり示された。

第2章 保育の内容

4 保育の実施に関して留意すべき事項

(1) 保育全般に関わる配慮事項

ア 子どもの心身の発達及び活動の実態などの個人差を踏まえるとともに,一人一人の子どもの気持ちを受け止め,援助すること。

イ 子どもの健康は,生理的・身体的な育ちとともに,自主性や社会性,豊かな感性の育ちとがあいまってもたらされることに留意すること。

ウ 子どもが自ら周囲に働きかけ,試行錯誤しつつ自分の力で行う活動を見守りながら,適切に援助すること。

エ 子どもの入所時の保育に当たっては,できるだけ個別的に対応し,子どもが安定感を得て,次第に保育所の生活になじんでいくようにするとともに,既に入所している子どもに不安や動揺を与えないようにすること。

オ 子どもの国籍や文化の違いを認め,互いに尊重する心を育てるように

すること。

カ　子どもの性差や個人差にも留意しつつ、性別などによる固定的な意識を植え付けることがないようにすること。

(2)　小学校との連携

ア　保育所においては，保育所保育が，小学校以降の生活や学習の基盤の育成につながることに配慮し，幼児期にふさわしい生活を通じて，創造的な思考や主体的な生活態度などの基礎を培うようにすること。

イ　保育所保育において育まれた資質・能力を踏まえ，小学校教育が円滑に行われるよう，小学校教師との意見交換や合同の研究の機会などを設け，第1章の4の(2)に示す「幼児期の終わりまでに育って欲しい姿」を共有するなど連携を図り，保育所保育と小学校教育との円滑な接続を図るよう努めること。

ウ　子どもに関する情報共有に関して，保育所に入所している子どもの就学に際し，市町村の支援の下に，子どもの育ちを支えるための資料が保育所から小学校へ送付されるようにすること。

(3)　家庭及び地域社会との連携

　子どもの生活の連続性を踏まえ，家庭及び地域社会と連携して保育が展開されるよう配慮すること。その際，家庭や地域の機関及び団体の協力を得て，地域の自然，高齢者や異年齢の子ども等を含む人材，行事，施設等の地域の資源を積極的に活用し，豊かな生活体験をはじめ保育内容の充実が図られるように配慮すること。

4節　幼保連携型認定こども園教育・保育要領と領域「人間関係」

1　領域「人間関係」の重要事項

　教育・保育要領の，2017（平成29）年における改訂の内容については，変遷において先述したとおりであるが，保育の内容について，次のような重要事項が見られる。

　a　「ねらい及び内容並びに配慮事項」の構成についての重要事項

旧教育・保育要領の「ねらい及び内容並びに配慮事項」では，これまで領域「人間関係」をはじめとする5領域について，全年齢を通して大綱的に示されていた。しかし，新教育・保育要領では保育指針と同様に，子どもの発達上の連続性を重視し，発達の側面から，乳児は「健やかに伸び伸びと育つ」「身近な人と気持ちが通じ合う」「身近なものと関わり感性が育つ」の3つの視点から示し，幼児は5領域として示された。

　b　「ねらい及び内容並びに配慮事項」の内容についての重要事項

　新教育・保育要領では，その内容も新保育指針との整合性が図られており，主に教育に関わる側面から「基本的事項」「ねらい及び内容（ねらい・内容・内容の取扱い）」「教育及び保育の実施に関わる配慮事項」で構成されている。

　しかし，新教育・保育要領では，保育指針に示されている各年齢区分ごとの「保育の実施に関わる配慮事項」の記述はない。

2　領域「人間関係」と「ねらい及び内容並びに配慮事項」

　教育・保育要領における「乳児期の園児に関するねらい及び内容」「満1歳以上満3歳未満の園児の保育に関するねらい及び内容」「満3歳以上の園児の教育及び保育に関するねらい及び内容」については，「保育士等」と「保育教諭等」，「乳児保育」と「乳児期の園児の保育」，「子ども」と「園児」など，言葉遣いや多少の文言の違いはあっても，内容は教育要領や保育指針と整合性が

2章　幼稚園教育要領，保育所保育指針，幼保連携型認定こども園教育・保育要領と領域「人間関係」　67

図られている。「ねらい及び内容」の説明について，3歳以上児は「2節　幼稚園教育要領と領域「人間関係」　2　領域「人間関係」の「ねらい及び内容」」(45ページ)及び3歳未満児については，「3節　保育所保育指針と領域「人間関係」　2　領域「人間関係」の「ねらい及び内容」　(1)領域「人間関係」の「乳児保育に関わるねらい及び内容」(57ページ)　(2)領域「人間関係」の「1歳以上3歳未満児の保育に関わるねらい及び内容」」の項を(59ページ)参照してほしい。

3　領域「人間関係」と「教育及び保育の実施に関する配慮事項」

　旧教育・保育要領では，「保育の実施上の配慮事項」として「1　乳児期の園児の保育に関する配慮事項」「2　満1歳以上満3歳未満児の園児の保育に関する配慮事項」「3　満3歳児以上の園児の保育に関する配慮事項」が示されていた。新教育・保育要領では，これまでの内容に基づき，満3歳未満の園児の保育の実施についての配慮事項が，乳児及び満1歳以上3歳未満の園児に分けて示された。特に満1歳以上3歳未満の園児において，情緒の安定を図りながら子ども自身が自分の感情や気持ちに気付いていくために，保育者が子どもの自発的な活動を尊重し，促すことの重要性が以下のとおり明示された。これは，領域「人間関係」と密接な関係を示すものである。加えて，幼保連携型認定こども園における「教育及び保育の全般的な配慮事項」が，新たに示された。これは，すべての領域に関連する事項として，以下のとおり明示されたのである。

第2章　ねらい及び内容並びに配慮事項
第4　教育及び保育の実施に関する配慮事項
1　満3歳未満の園児の保育の実施については，以下の事項に配慮するものとする。
　(2)　満1歳児以上満3歳未満の園児は，(中略)自我が形成され，園児が自分の感情や気持ちに気付くようになる重要な時期であることに鑑み，情緒の安定を図りながら，園児の自発的な活動を尊重するとともに促し

ていくこと。（後略）

2　幼保連携型認定こども園における教育及び保育の全般において以下の事項に配慮するものとする。

(1) 園児の心身の発達及び活動の実態などの個人差を踏まえるとともに，一人一人の園児の気持ちを受け止め，援助すること。

(2) 園児の健康は，生理的・身体的な育ちとともに，自主性や社会性，豊かな感性の育ちとがあいまってもたらされることに留意すること。

(3) 園児が自ら周囲に働き掛け，試行錯誤しつつ自分の力で行う活動を見守りながら，適切に援助すること。

(4) 園児の入園時の教育及び保育に当たっては，できるだけ個別的に対応し，園児が安定感を得て，次第に幼保連携型認定こども園の生活になじんでいくようにするとともに，既に入園している園児に不安や動揺を与えないようにすること。

(5) 園児の国籍や文化の違いを認め，互いに尊重する心を育てるようにすること。

(6) 園児の性差や個人差にも留意しつつ，性別などによる固定的な意識を植え付けることのないようにすること。

演習課題

1. 子ども（乳児）と絆を形成するためには，どのように関わっていくことが必要であるか，イメージしながら考えてみよう。
2. 子どもを主体的に捉えるということは，どのようなことなのか考えてみよう。

引用・参考文献

生野金三　領域「言葉」の研究　埼玉学園大学紀要（人間学部篇）　第10号　2010
厚生労働省　保育所保育指針解説書　フレーベル館　2008
厚生労働省　保育所保育指針　フレーベル館　2008

厚生労働省　保育所保育指針　フレーベル館　2017

民秋言編　幼稚園教育要領・保育所保育指針の成立と変遷　萌文書林　2008

内閣府・文部科学省・厚生労働省　幼保連携型認定こども園教育・保育要領フレーベル館　2017

成田朋子・小澤文雄・本間章子編著　保育実践を支える人間関係　福村出版　2009

ミネルヴァ書房編集部編　保育所保育指針 幼稚園教育要領——解説とポイント　ミネルヴァ書房　2008

無藤隆・柴崎正行編　新幼稚園教育要領・新保育所保育指針のすべて　別冊発達 29　ミネルヴァ書房　2009

無藤隆・汐見稔幸・砂上史子　ここがポイント！　3法令ガイドブック　フレーベル館　2017

森上史朗　教育要領・保育指針の制定の経緯と変遷　発達№.113　Vol.29　ミネルヴァ書房　2008

森元眞紀子・川上道子　保育内容に関する研究（Ⅲ）——平成元年（1989）以降の幼稚園教育要領における「領域」に焦点を当てて　中国学園大学／中国短期大学　2011

文部科学省　幼稚園教育要領解説　フレーベル館　2008

文部科学省　幼稚園教育要領　フレーベル館　2017

3章　人と関わる力の発達の基礎

1節　子どもの発達と人と関わる力

　私たちは，人との関わりを抜きにして子どもの発達を考えることはできない。なぜなら，子どもは，子どものまわりに存在する人的環境，物的環境に働きかけることによって自発性や意欲を獲得していくからである。

　このことに関して，2008（平成20）年改定の保育所保育指針「第2章 子どもの発達」において「子どもは，様々な環境との相互作用により発達していく。すなわち，子どもの発達は，子どもがそれまでの体験を基にして，環境に働きかけ，環境との相互作用を通して，豊かな心情，意欲及び態度を身に付け，新たな能力を獲得していく過程である。特に大切なのは，人との関わりであり，愛情豊かで思慮深い大人による保護や世話などを通して，大人と子どもの相互の関わりが十分に行われることが重要である。この関係を起点として，次第に他の子どもとの間でも相互に働きかけ，関わりを深め，人への信頼感と自己の主体性を形成していくのである」と述べられ，2017（平成29）年改定新保育指針の解説書『保育所保育指針解説』では「第1章 総則　2 養護に関する基本的事項」においても，「子どもは，保育士等をはじめ周囲の人からかけがえのない存在として受け止められ認められることで，自己を十分に発揮することができる。そのことによって，周囲の人への信頼感とともに，自己を肯定する気持ちが育まれる。特に，保育士等が，一人一人の子どもを独立した人格を持つ主体として尊重することが大切である。このように，乳幼児期において，他者への信頼感と自己肯定感が周囲の人との相互的な関わりを通して育まれていくことは，極めて重要である」と解説されている。

　以上のように，人との関わりは子どもにとってとりわけ重要であるが，先の

3章　人と関わる力の発達の基礎　71

中央教育審議会答申「子どもを取り巻く環境の変化を踏まえた今後の幼児教育の在り方について―子どもの最善の利益のために幼児教育を考える―」(2005年1月28日)においては，近年の幼児の育ちについて，「基本的な生活習慣や態度が身に付いていない，他者との関わりが苦手である，自制心や耐性，規範意識が十分に育っていない，運動能力が低下している」などの課題が指摘されてきたところである。

　子どもの発達に特に大切な人と関わる力を育てるために，保育者はどのようなことがらに留意して子どもに関わればよいのであろうか。

　2017（平成29）年改訂新幼稚園教育要領「第2章 ねらい及び内容 人間関係　3 内容の取扱い」には，「教師との信頼関係に支えられて自分自身の生活を確立していくことが人と関わる基盤となることを考慮し，幼児が自ら周囲に働き掛けることにより多様な感情を体験し，試行錯誤しながら諦めずにやり遂げることの達成感や，前向きな見通しをもって自分の力で行うことの充実感を味わうことができるよう，幼児の行動を見守りながら適切な援助を行うようにすること」と述べられている。

　そこで本章では，子どもの人と関わる力の発達を理解し，子どもの人と関わる力の発達を支える保育者の役割について理解することにしたい。

　なお，「人と関わる力」という用語については，新幼稚園教育要領，新保育所保育指針，新幼稚園連携型認定こども園教育・保育要領いずれにおいても「人との関わりに関する領域『人間関係』」と定義されていることから，本章以下では，「人間関係」でなく「人と関わる力」と表記することにした。

2節　人と関わる力の基礎

1　生理的早産

　鳥類は，生後すぐに巣立つ離巣性の鳥類（ニワトリ，カモ等）と，生後しばらくは巣に留まり親の加護を受けてから巣立つ留巣性（就巣性）のもの（ツバメ，ハト等）に分類することができることから，スイスの動物学者ポルトマン

（Portmann, A., 1961）は，哺乳類を離巣性と留巣性に分類しようとした。離巣性と留巣性それぞれのタイプの妊娠期間，一度に生まれる子どもの数などの特徴を整理し，ほとんどの哺乳類をどちらかのタイプに分類することができた。ところが，高次の種ほど離巣性に属するにもかかわらず，人間はどちらの特徴も合わせ持っていた。ポルトマンは，人間の妊娠期間があと1年あり，誕生後すぐに歩き始めると仮定すれば，人間は離巣性に分類できると考え，人間は1年早く出産しているとして，生理的早産説を唱え，早く生まれ過ぎた1年間の意味を問いかけた。

　つまり，様々な刺激に満ちた外界に，生理的早産の状態で生まれてくるからこそ，人間として成長できるわけで，この間に保護者が愛情を持って関わることによって赤ん坊は人間として成長できると考えたのである。

2　胎児・新生児の能力

　かつて，生まれたばかりの赤ん坊は何もできず，世話をしてくれる大人に全面的に依存して生活していると考えられていたが，その後の諸科学の進歩によって，20世紀後半には，それまで未知の世界であった母胎内での胎児の様子が明らかになってきた。人間にとって大切な中枢神経系，心臓，手足，目，耳などの器官は，生命が誕生した直後の胎芽期と呼ばれる時期にすでに形成され始め，妊娠6カ月頃になると，胎児は外界の音を聞くことさえもできるのである。もちろん，対象物を識別した乳幼児の聞こえ方と異なることはいうまでもない。

　生まれたばかりの赤ん坊は，運動機能の面から見ると，生得的に備わっている機能として観察されるのは，吸い付き反射，モロー反射等の新生児反射と，身体を目的なく動かす全体運動程度であるが，感覚機能の面では，誕生直後から人の顔や言語音に対して特別な感受性を示すなど，様々な能力が観察される。

　ファンツ（Fantz, R. L., 1961）は新生児の視覚を確かめる実験を初めて行い，単純な図形よりも複雑な図形，中でも人の顔をより多く見ることを明らかにした。このファンツの実験をきっかけに，新生児の能力を確かめる実験が次々行

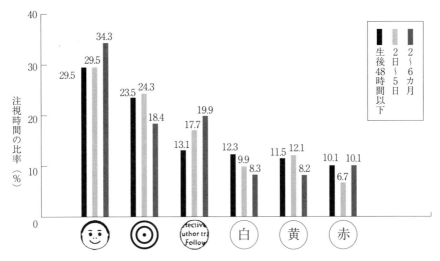

図3-1 いろいろな刺激に対する注視時間の平均比率

Fantz, R. L., Pattern vision in newborn infants., Science, 1963

われ，出生直後の赤ん坊でも様々な能力を持っていることが分かってきたのである（図3-1）。

ゴロン（Goron, C. C., 1975）は，新生児でも注視，追視ができることを明らかにし，小林登（1983）は，新生児は顔から22〜25センチの距離内で一番よく見えることを示した。エイマス（Eimas, P. D., 1974）は，聴覚馴化法を用いた実験で，いくつかの音素を聞き分けることを明らかにした。

コンドンとサンダー（Condon, W. S. & Sander, L.W., 1974）は，生後1日から4日の新生児16人を映像記録を用いたミクロ分析的な技法で観察し，大人から話しかけられると，その声の調子やリズム，言葉の切れ目に合わせて手足を動かし，ダンスをしているような同期性を示すことを明らかにした。この現象は話しかける言葉であれば何語を聞かせても起こるが，物理的な音では起こらない。

また，誕生直後の乳児には微笑反応が見られる。生理的（自発的）微笑と呼ばれる，身体的に生じる生理的なものである。生後1週間を過ぎる頃から，高

い声と低い声を区別し，特に女性の声に反応が起こりやすい。その後，聴覚的な刺激から，視覚的な刺激により微笑反応が起こりやすくなる。このような微笑反応は大人との相互作用のきっかけになると考えられる。

このように，子どもは，誕生直後から人の顔や言語音に対して特別な感受性を示す。これは人との結びつきを可能にするための基本的な行動パターンが生得的に備わっていることを表している。新生児は一見未熟で無能であるが，人間と相互作用することができるように生まれついているのである。

乳児が持っている生得的な能力は，大人から乳児への働きかけを触発し，促進し，人との関係を作っていきやすいように働く，人への特有の反応である。こうした乳児が生まれつき持っている人間に対する応答性，感受性は，養育者の養育を動機付けることになる。

以上のことから，新生児は，大人や大きな子どもに比べるとまだまだ未熟で，大人に依存しなければ生きていけない存在ではあるが，人との結びつきを可能にする基本的な行動パターンが生得的に備わった，有能で，能動的，社会的な存在であると考えることができる。

3 乳児の人と関わる力の発達

トレバーセン（Treverthen, C., 1979）は，親と対面して視線を合わせるようになる2カ月頃の赤ん坊は，機嫌がよい時には，赤ん坊の注意を引こうとして声をかけた母親に，目を輝かせて母音的な発声で手足を動かし，口をとがらせたり動かしたりして，懸命に対話的に応答しようとし始めることを示した。これに対して母親も，頭を振ったり，後ろにそらしたりしながら話しかけ，応答する。母親は，乳児の興奮が高まりすぎると自分の行動を減らし，興奮が下がると活発に働きかけるというように，乳児の行動に合わせながら自分の行動を調整している。うまく2人のリズムが合うと，実に楽しい会話のようなやり取りがしばらくの間成立するようになる（図3-2）。

この時期のこのような対面的なやり取りは，第一次間主観性の表れとして重視されている。それは，この時赤ん坊と母親の心が互いに通じ合っていること

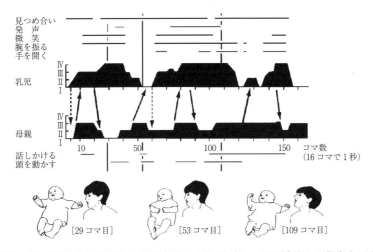

図3-2 12週児と母親との相互交渉の分析例（Ⅰ〜Ⅳは活発さの程度を示す）

Treverthen, C., Communication and cooperation in early infancy : a description of primary intersubjectivity, Before Speech, Cambridge Univ. Press, 1979.

が双方体験されるからである。間主観性とは，気持ちと気持ち，主観と主観がつながり合っていることから名付けられた言葉である。

　その後6カ月頃になると，子どもは，おもちゃで遊んでいる時に声をかけられると，おもちゃを放り出して大人とのやり取りを行う。物―自分，人―自分といった2つの関係，すなわち二項関係でしかやり取りを行うことができないからである。しかし9カ月頃になると，子どもは大人と同じ物に注意を向け（共同注意），体験を共有したり，物を指さして親に話しかけたり，おもちゃをつかむ前に親を振り返って視線による確認（社会的参照）を行ったりする。

　「人―自分」という関係（自分と他者との二項関係）から，物を介して人と関わる「人―物―自分」の関係，すなわち三項関係が成立したのである（図3-3）。三項関係の成立は，その後のコミュニケーションの基礎となるゆえ，子どもの発達にとって重要であると考えられている。

　以上のように，生理的早産の状態で生まれた1年間であるが，互いに相手と関わりを持とうとする傾向を基礎にして，親と子の具体的な関わりが両者の関

図3－3　二項関係から三項関係への発達
平山諭・鈴木隆男編著『発達心理学の基礎Ⅱ　機能の発達』(ミネルヴァ書房，1994)

係を築き，人間として成長することになる。

3節　親と子の絆

1　愛着の形成とその重要性について——親と子の絆

a　愛着の形成

　約280日間母親の胎内で過ごして出生した新生児は，おおよそ2時間の睡眠と30分の目覚めという周期を繰り返して1日を過ごす。個人差はあるが，1日の約80％を眠って過ごすことになる。外界からの刺激に対しては吸い付き反射，モロー反射，把握反射，自動歩行運動など，原始反射もしくは新生児反射と呼ばれる新生児特有の反射的な応じ方で対処する。

　これら新生児反射は，大脳皮質の機能が未だ未熟である新生児が，自分の生命を守るために行うと考えられるが，先に述べた，生まれつき持っている泣いたり，微笑んだりするという行動は，大人の注意を引き付けることができる。

　一方の大人は元来子どもをかわいがろうとする気持ちを持っている。大きな頭，頬が丸く，目と目が離れ，目鼻口といった顔のパーツが低い位置にあるという顔と，丸くてずんぐりした体型などの形態的特徴（ベビーシェマ）に接触すると，かわいらしいと思い，母性行動が触発される傾向がある。このかわいらしさ反応や母性行動を解発するメカニズムについては，動物行動学者ローレンツ（Lorenz, K. Z., 1943）によって，動物に生まれつき備わった，ある刺激

に対して特定の反応をする生理的な仕組みが仮定されている（図3－4）。

　乳児が泣いたり，微笑んだりすると，大人は抱いたり，あやしたりして乳児に反応する。這い這いや歩行を獲得した赤ん坊はさらに自分から大人に接近する。このような触れ合いは毎日の生活の中で繰り返され，その結果として，乳児は自分の行動に反応してくれる特定の大人に特別の感情をいだくようになる。

　ボウルビィ（Bowlby, J., 1951, 1969）は乳幼児期の養育のあり方と精神的健康との関係について「乳幼児と母親（あるいは，生涯母親の役割を果たす人）との人間関係が，親密で継続的で，しかも両者が満足と幸福感に満たされているような状態が，精神衛生の根本である」と指摘した。そして，子どもが特定の大人にいだく特別の感情を「愛着（attachment）」と命名し，また，子どもが情緒的な結びつきをもって特定の人に接近していく行動を「愛着行動」と名付けている。

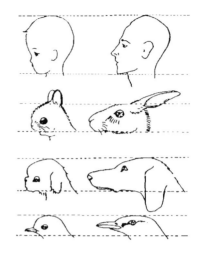

図3－4　ベビーシェマ

Lorenz, K. Z., Die angeborenen Formen möglicher Erfahrung. Zeitschrift für Tierpsychologie, 5, 235-409, 1943.

　ボウルビィの愛着理論においては，特定の人（母親）に愛着をいだくことが子どもの安定した精神の発達を促し，その後の対人関係にまで影響を与えるため，非常に重要なものであり，愛着は永続的であると述べられている。

　b　愛着の発達過程

　ボウルビィは，愛着の発達過程について，①人の識別を伴わない定位と発信（出生後～少なくとも生後8週頃，たいていは12週頃），②1人または数人の特定対象に対する定位と発信（生後12週～6カ月頃），③発信及び移動による特定対象への近接の維持（生後6カ月頃～2，3歳頃），④目標修正的な協調性形成（3歳前後～），の4つの段階を仮定している。

ここで，定位とは，じっと見つめたり，目で追ったりして注意を向けること
である。

以上①から④への発達段階は，愛着が，他者によって受動的にもたらされる
ものから，子ども自らが能動的に築き上げるものへと，また，安全の感覚をもっ
ぱら物理的な近接によってのみ得られる状態から，表象的近接によっても部分
的に得られる状態へと移行していくことを示している。

子どもがこの発達段階を順調に歩むには，まずスタートの段階での，母子間
の相互作用が大切である。特定の人物が常にそばにいて，母親らしい世話をす
ることが基本的に必要であり，母親またはそれに代わる人が十分な母性的養育
を与え，子どもとの相互作用が十分に行われることが求められる。

以上の，発達初期の特定の人との関わりの重要性については，クラウスとケ
ネル（Klaus, M. H. & Kennell, J. H., 1985）も指摘している。

彼らは，母親が自分の子どもに愛情をいだくのは新生児期に母子の相互交流
があるからであり，出産後数分，数時間，数日といった初期の母子の接触が，
母親がその後にいだく子どもに対する愛情の出発点になると考えた。鳥類では，
ヒナを人工孵化後，仮親に接近させると，ヒナは一生仮親を真の親だと思い，
追尾する。ローレンツの示したこの現象をインプリンティング（刷り込み，刻
印付け）といい，孵化後一定時間内にのみ見られ，その期間は臨界期と呼ばれる。

クラウスとケネルは，鳥類の臨界期ほど短く，また決定的ではないが，人間
にも感受期，敏感期が存在し，その期間に母子の交流が図られることが母子の
結びつきにとって重要であると考えたのである。

　c　愛着の個人差

エインズワース（Ainsworth, M. D. S., 1962）らは，乳児の愛着の個人差を
捉える方法を考案した。日常生活とは異なる実験室で，見知らぬ人との相互作
用の様子や，母親との分離場面，再会場面の様子を観察する方法で，ストレン
ジ・シチュエーション法と呼ばれている。彼らは，母親との分離場面，再会場
面での乳児の行動の特徴から，愛着の個人差を A タイプ（回避群），B タイプ（安
定群），C タイプ（アンビヴァレント群）の 3 タイプに分類し，個人差をもた

3章　人と関わる力の発達の基礎　79

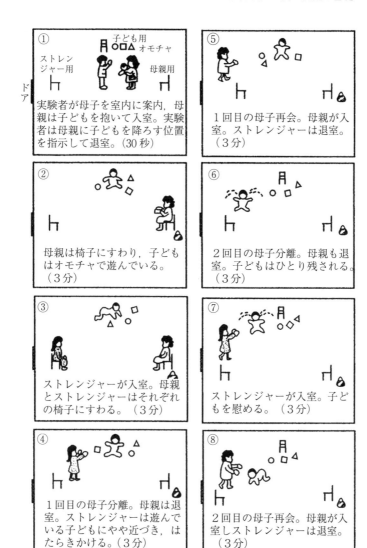

図3－5　ストレンジ・シチュエーションの8場面（Ainsworth. et al., 1978を要約）
数井みゆき・遠藤利彦編著『アタッチメント――生涯にわたる絆』（ミネルヴァ書房, 2005）

らす養育者の関わりについても言及している（図3−5）。

　今日では，この3タイプに分類しがたいDタイプを加えることが提唱されている。愛着のタイプと養育者の日常の関わりの関連を表3−1に示す。

　エインズワース以降ストレンジ・シチュエーション法を用いて行われた各国の研究は，多くの子どもはBタイプに属するが，国によりタイプ別構成比に差があることを示している。各国の社会文化，子ども観，子育て観，家族形態，養育システムが影響するものと考えられる。

表3−1　愛着のタイプと養育者の関わり方

	ストレンジ・シチュエーション場面	養育者の日常の関わり
Aタイプ（回避型）	養育者との分離場面では泣いたり，混乱することがほとんどない。再会場面では養育者を避けようとする行動を示す。	全般的に子どもの働きかけに拒否的にふるまうことが多い。子どもに対する微笑みや身体接触が少ない。
Bタイプ（安定型）	分離場面では，多少の泣きや混乱を示すが，養育者との再会時には積極的に身体接触を求め，容易に静穏化する。	子どもの欲求・状態などに相対的に敏感である。子どもとの遊びや身体接触を楽しむ様子がみられる。
Cタイプ（アンビヴァレント型）	分離時に非常に強い不安や混乱を示す。再会時には養育者を求めるが，その一方で養育者を激しくたたいたりする。	子どもに対する敏感さが相対的に低い。子どもに対する反応に一般性を欠いたり，タイミングがずれることも多い。
Dタイプ（無秩序・無方向型）	顔をそむけながら養育者に近づくという接近と回避が同時にみられる。また，不自然でぎこちない動きを示す。	精神的に不安定なところがあり，突発的に表情や言動に変調を来し，パニックに陥るようなことがある。

本郷一夫編著『シードブック　発達心理学——保育・教育に活かす子どもの理解』（建帛社，2007）

2　そのほかの家族との関わり

a　愛着の対象

　愛着の形成が子どもの発達にとって重要であることはいうまでもなく，乳幼児がどのような状況で育てられることが大切であるのかを指摘したボウルビィ

の愛着理論は，発達心理学に多大の影響をもたらしたのであるが，その後の研究において，「乳児はまず特定の1人の人物に対して愛着を形成する」と提唱したボウルビィ理論に対していくつかの議論が沸き起こった。

ボウルビィは，出生直後からの養育者と子どもとの特殊な二者関係を強調し，乳児はまずその養育者との間で愛着を形成すると考えた。この世に生を受けた子どもが最初に出会う大人はほとんどの場合母親であり，子どもはまず母親に対しての情緒的結びつきを形成すると考えられるであろう。しかしながら，1970年代後半から盛んになった父子関係研究においては，父親も母親と同様，愛着の対象になっているという結果も示されている。

b ソーシャルネットワーク理論

一方で，子どものまわりには父親やそのほかの家族も同時的に存在し，乳児と養育者の関係は父親やほかの家族をも含めた家族システムの一部分であり，人間関係の始まりを，母親と子どもという「対的」関係から捉えようとするのではなく，二者以上の関係で捉えようとするソーシャルネットワーク理論（ルイス，M.ら，2007）も展開されている。

ソーシャルネットワーク理論以前の対人関係の発達理論では，乳児はまず母親との関係を成立させ，それが家族に広がり，そして家族の外に広がっていくと考えられていた（図3-6）。それに対してルイスは，乳児の対人関係は，母親，父親，きょうだい，祖父母，仲間などを含む様々な対象からなっていて，子ど

図3-6 Lewis 以前の対人関係の発達理論

図3-7 ソーシャルネットワーク理論

図3-6，図3-7とも，川上清文『乳児期の対人関係——その縦断的研究と社会的ネットワーク理論』(川島書店，1989)

もは誕生直後から能動的な参加者として存在するという。つまり，母親との関係を土台にして，それが家族や仲間に広がるというのではなく，乳児の人間関係は最初から多方向だというのである（図3－7）。

c　関わりの中で育つ人と関わる力

ペダーセンら（1986）は乳児を観察し，5カ月の乳児であっても，父母が話している時には働きかけを抑え，父母が話していない時には両者に，顔を見つめる，微笑む，声を出すなど積極的に働きかけるというように，家族関係の中で人と関わる能力を発達させていることを示した。

このように，子どもは少なくとも1人，あるいは複数の人との親密な関係を形成し，その中で豊かに育っていくと考えるのが妥当であろう。

4節　子どもと保育者の関わり，子ども同士の関わり

1　子どもと保育者の関わり

a　保育者への信頼関係の形成

次世代育成支援時代の今日，小さい年齢から集団保育を経験する子どもが増加したといわれているが，年齢が低いほど，子どもは家庭の中で育てられることが多い。3歳以上の子どもの95％近くは集団生活を経験しているが，0歳児の約85％，1，2歳児の約60％は家庭の中で生活している（日本総合愛育研究所，2017）。

乳幼児期に関わりの深い人々を図示すると図3－8のようになる。

いずれの年齢から集団生活を経験するにしても，家庭の中で愛着を形成した後，初めて集団生活に入った子どもは，保育所あるいは幼稚園の中でもそれまでの家庭と同様，情緒が安定した状態で過ごすことが求められるが，その拠り所になるのが保育者である。

保育所や保育者が昼間の家庭，昼間の母親といわれることに象徴されるように，保育所や幼稚園に入園した子どもは，誰か1人の保育者が丁寧に関わることによって，その保育者に愛着を形成する。そのメカニズムは，家庭の中で母

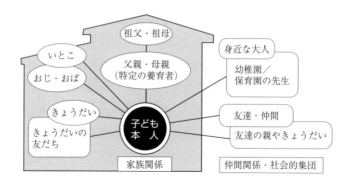

図 3-8　乳幼児の人間関係

会沢勲・石川悦子・小嶋明子編著『移行期の心理学——こころと社会のライフ・イベント』(ブレーン出版，1998)

親に愛着を形成したのと同様である。

　子どもが泣いたり，微笑んだり，近付いたり，話しかけたりすると，元来子どもをかわいがろうとする気持ちを持っている保育者は，先に述べたかわいらしさ反応により，子どもに応答し，その繰り返しによって愛着が形成されるのである。

　b　保育者の役割——理解者，共同作業者

　保育者の役割に関して，新幼稚園教育要領では「幼児の主体的な活動を促すためには，教師が多様な関わりをもつことが重要であることを踏まえ，教師は，理解者，共同作業者など様々な役割を果たし，幼児の発達に必要な豊かな体験が得られるよう，活動の場面に応じて，適切な指導を行うようにすること」，新保育所保育指針では「子どもの主体的な活動を促すためには，保育士等が多様な関わりをもつことが重要であることを踏まえ，子どもの情緒の安定や発達に必要な豊かな体験が得られるよう援助すること」，新幼保連携型認定こども園教育・保育要領でも「子どもの主体的な活動を促すためには，保育教諭等が多様な関わりをもつことが重要であることを踏まえ，保育教諭等は，理解者，共同作業者など様々な役割を果たし，園児の情緒の安定や発達に必要な豊かな体験が得られるよう，活動の場面に応じて，園児の人権や園児一人一人の個人

差等に配慮した適切な指導を行うようにすること」と，いずれも第1章総則において記述されている。

鯨岡（2006）は，「1歳半のSくんは，庭の片隅でアリをみつけ，じっと見ていたが，手を出して指でつまもうとする。つまむ瞬間にアリが動くので，なかなかつまめない。もう少しというところで，思わず私は'あっ！　あっ！　あっ！'と声を出してしまった」という新任保育士のエピソードを紹介しているが，このような心が互いに通じ合っていることが子どもと保育者双方に感じられるような体験が，保育者の様々な役割遂行の出発点になると考えられる。

保育者は，子どもにとって情緒的結びつきの対象であることを基本に，子どもの気持ちに寄り添って，理解者，共同作業者など様々な役割を担うことが期待されているのである。

　c　保育者自身の成長

保育者は子どもの愛着の対象であり，子どもたちを導く存在であるが，日々の保育は，保育者からの一方的な関わりでなく，両者の相互のコミュニケーションの中で展開されている。

子どもたちがそれぞれ個性を持っているのと同様，保育者も一人一人異なった個性を持ち，それまでの経験もそれぞれに異なっていて，子どもへの関わりの仕方に違いを見せることになる。

保育者は，経験を積めばどのような子どもでも容易に保育できるわけではない。以下は各群11名ずつの結果であるが，保育経験を積み重ねた保育者にとっても，保育が難しいと感じる幼児は存在することが分かる（表3－2）。表3－3は，指導の難しい幼児は年齢や性別に関わりなく存在し，経験年数により指導の難しさを感じる幼児のタイプに違いが見られることを示している。保育者たちはこれら指導の難しい幼児を「個の課題」「保育者との関係」「仲間関係」「母親との関係」のいずれかの側面（視点）から捉えると考えられるが，表3－4は，難しさを感じる幼児のタイプを単一の視点で捉えるのか，複数の視点から捉えるのかを示したものである。経験年数が長いほど複数の視点から捉えるようになることが示されており，保育者は経験と共に幼児を多方面から複眼

3章　人と関わる力の発達の基礎　　85

表3-2　指導の難しい幼児を担任した時期

	1～4年目	5～10年目	11年目以降
2～4年　群	10	-	-
5～10年　群	6	6	-
11年以上　群	1	6	6

注1：2～4年群で「1～2名に限定できない」としたものが1名いたので，この群の実数は10名である。
注2：5～10年群，11年以上群には複数の幼児を挙げた者がいるため，対象者の人数よりも実数が多い。

表3-3　幼児の年齢・性別・タイプ

	3歳児		4歳児		5歳児		幼児のタイプ				
	男	女	男	女	男	女	乱暴	勝手・逸脱	抑制的	対人未熟	発達遅滞
2～4年　群	2	3	2	1	0	2	0	9	1	0	0
5～10年　群	1	1	4	2	2	2	3	5	4	0	0
11年以上　群	2	0	2	6	5	0	2	2	3	6	2

表3-4　問題の定式化の視点と内容

	視点の数		定式化された内容			
	単一	複数	個の課題	保育者との関係	仲間関係	母親との関係
2～4年　群	7	3	7	3	3	0
5～10年　群	8	4	6	3	6	1
11年以上　群	4	11	11	8	8	1

表3-2，表3-3，表3-4とも，高濱裕子『保育者としての成長プロセス——幼児との関係を視点とした長期的・短期的発達』（風間書房　2001）

的に捉えるようになることが分かる。

　保育職全般にわたっての保育者の成長プロセスについては，ヴァンダー＝ヴェン（Vander Ven, K., 1988）がモデルを提唱している。子どもたちから先生と呼ばれはするが，実習生として先輩たちからすべてを学ぶ段階1（実習生・新任の段階）から，子どもとの関わりに手ごたえを感じるようになる段階2（初任の段階），子どもと関わるだけでなく親や家族・子どもを取り巻く関係性に働きかけることの必要性を認識する段階3（洗練された段階），より複雑な問題や状況に対処できる技量が身に付く段階4（複雑な経験に対処できる段階），そして大局的な見方・判断が可能になり，親や社会にも影響力を持つ段階5（影響力のある段階）へのプロセスが提示されており，子どもへの関わりの仕方を

含めた保育者としての役割が，それぞれの段階で異なることが分かる。保育者も長い年月をかけて専門家として成長していくのである。

2 子ども同士の関わり——保育の中で育つ子ども同士の関わり

a 乳児同士の関わり

乳幼児の仲間関係に関する研究は，古くは，子ども同士の行動はおもちゃの取り合いという否定的な行動から始まり，年齢を重ねるにつれて社会的な行動が取れるようになると考えられていたが，1970年代以降になると，子ども同士の肯定的な相互作用に目が向けられるようになった。また，母子関係と仲間関係についても，母子関係が仲間関係に影響するというよりは，お互いが影響を及ぼし合っていると考えられるようになった。

他児との社会的相互作用は，乳児期からすでに見られると考えた川井ら（1983）は，乳児を追跡観察することによって，もし乳児期初期からほかの乳児と共に過ごす環境にあれば，そのごく初期から乳児—乳児間に接触が認められ，それはおよそ生後2カ月くらいからの注視をもって始まることを示した。生後2カ月頃には他児を見るという行動が出現し，3〜4カ月頃になると，微笑，発声，手を伸ばす，触れるなどの行動が出現する。櫃田ら（1986）は，5カ月頃には乳児同士の視線での相互作用も見られるようになることを示した。さらに，ヘイら（Hay, D. F., et al., 1986）は，6〜7カ月頃になると，互いを触ったり，触り返したりという身体的な相互作用が活発になることを示した。

以上のように，乳児同士であっても互いを認識し相互作用する様子が見られることから，仲間関係を築く基盤はかなり早期から形成されていると考えられる。

近年，年齢的に早くから集団保育を受ける子どもが増える傾向にあり，今後，低年齢児の仲間関係の研究において新たな事実も解明されるものと思われる。

b 幼児同士の関わり

子どもは家庭から地域へと，少しずつ広い世界に歩みだし，その中で，3歳前後を境に，大人と過ごす時間が多い状態から，子どもを相手に過ごす時間が増加していく（図3-9）。

3章 人と関わる力の発達の基礎　87

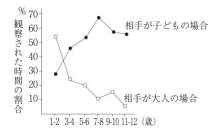

図3－9　遊び相手の発達的変化

Ellis, S., Rogoff, B., & Cromer, C. C., Age segregation in children's social interactions, Developmental Psychology, 17, 399-407, 1981.

遊びの形態とその発達的変化を検討したパーテン（Parten, M. B., 1932）は，遊びにおける人との関わり方から，遊びの型を，①遊ばずにぼんやりしている，②1人で遊んでいる，③他児を見ているが遊びには入らない「傍観」，④他児と同じ場所で自分だけで遊んでいるが，同じようなことをしている「平行（並行）遊び」，⑤他児と一緒に遊び，活動について会話ややり取りがある「連合遊び」，⑥一定の目的のために一緒に遊ぶ「協同遊び」の6つに分類した。そして，2～2.5歳までは平行遊びの出現する割合が最も高いこと，1人遊び，平行（並行）遊びは2～4歳と年齢が進むにつれて減少し，連合遊び，協同遊びは増加することを見出している（図3－10）。

子どもが仲間とうまく遊ぶためには，仲間の意図や考え，感情，物の見方などを理解する必要があるが，この他者の立場や視点に立って他者を理解することを役割取得という。

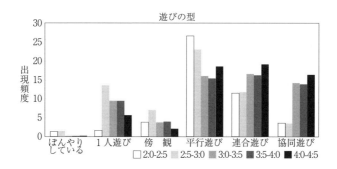

図3－10　遊びの型の年齢別出現頻度

Parten, M. B., Social participation among pre-school children, Journal of Abnormal and Social Psychology, 27, 1932.

幼児期の子どもは自己中心性という特性を持ち、役割取得能力はまだ十分に備わっていない。そのために子ども同士の関わりが増えるにつれて、当然、遊びの中でも、物の取り合い、けんかや対立などが生じるのである。

他者の立場に立って物事を考える能力の発達の研究に「心の理論（theory of mind）」を挙げることができる。「心の理論」、すなわち「心を読む」能力を調べるには、以下のような誤りの信念課題が用いられる（図3－11）。

子どもはサリーと呼ばれる人形とアンと呼ばれる人形を見せられる。サリーはバスケットを持っており、アンは箱を持っている。子どもは、サリーが自分のビー玉をバスケットの中に入れて立ち去るのを見る。そして、サリーがいない間に、いたずらなアンがサリーのビー玉をバスケットからアンの箱に移し、それからアンは立ち去る。そこで、サリーが戻ってくる。子どもは「サリーはビー玉を取り出そうとして、どこをさがすでしょうか」と尋ねられる。

自分が知っていることについて、他人は知らないということを理解できるかを実験的に確かめる課題である。その結果、3歳の子どもの約半数は誤答し、4歳頃になってほぼ正しく推論でき、5、6歳

図3－11　サリーとアン課題

Frith, U., Morton, J. & Leslie, A. M., The cognitive basis of a biological disorder : autism, Trends in Neuroscience vol.14, Elsevier, October 1991.

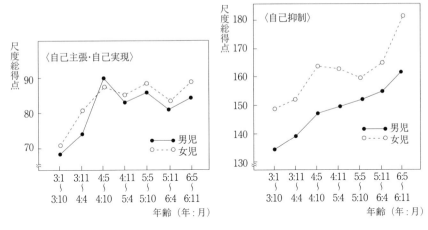

図3−12 2つの自己制御機能の発達

柏木惠子『幼児期における「自己」の発達——行動の自己制御機能を中心に』(東京大学出版会, 1988)

にかけてより確かなものになることが分かった。

このような，役割取得能力が未だ育っていない自己中心的な子どもたちに，物の取り合いやけんかが生じるのであるが，子どもはその中で経験的に問題の解決方法を学び，言葉で意思疎通を図る，ルールを作る，ルールを変更するなど次第に高度な社会的スキルを身に付けていく。

そして，図3−12に示されたように，自己主張ができるようになる一方で，自己抑制の機能も身に付け，人と共同・協調し，人の心や気持ちを理解する共感性を育んでいくのである。

3 子どもの人と関わる力の発達を導く原動力

これまで，人と関わる力の基礎になるもの，親と子の絆の形成，保育所・幼稚園での人との関わりの発達について述べてきたが，それでは，園内で子どもの人と関わる力の発達を導く要因として，どのようなものが考えられるのであろうか。

図3−13に示すように，第1の要因としてまず，子どもの側の，生得的に持っ

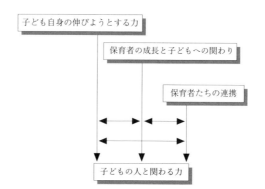

図3-13 園内で子どもの人と関わる力の発達を導く要因

成田朋子『子どもは成長する，保育者も成長する——人と関わる力を育む保育と成長し続ける保育者』
(あいり出版，2008)

ている人に対する応答性，感受性を基礎に育まれる人と関わろうとする力，つまり子ども自身の伸びようとする力が挙げられる。この第1の要因に，第2の要因として，研修その他で成長しつつある保育者一人一人の子どもへの関わり，第3の要因として，連携の上に成り立った保育者達の子どもへの関わりが加わり，子どもの人と関わる力の発達を支えると考えられる。

　ここで注目したいのは，子ども自身の伸びようとする力は保育者に影響し，保育者の関わりに変化をもたらすということである。そして，これまでと異なる保育者の関わりが子どもに影響し，子どもに変化をもたらす，さらに，これまでと異なる子どものありようが保育者の関わりに変化をもたらす，というように，子どもと保育者は相互に作用し合っているということである。この相互の作用は，子どもとほかの保育者たちの間でも同様に存在し，図中，横の矢印で示されているとおりである。

　同様に，成長した子どものありようが保育者たちの連携の仕方に影響し，その連携の仕方が子どもに影響する。また，担当保育者の関わりのありようがほかの保育者たちの連携の仕方に影響し，それが担当保育者の関わり方にも影響するのである。

　保育者と子どもたち，保育者同士，それぞれ相互のコミュニケーションの中

3章　人と関わる力の発達の基礎　91

で，保育者自身も成長し，子どもの人と関わる力を育むと考えられるのである。

演習課題

1. 生まれつき備わっている人と関わる力にはどのようなものがあるのか。またそれ
  らはその後どのように発達するのかを考えてみよう。

2. 実習等で観察した子どもと保育者の関わりの例を挙げて，人と関わる力を育むた
  めの保育者の関わりについて考えてみよう。

引用・参考文献

内田伸子　幼児心理学への招待［改訂版］——子どもの世界づくり　サイエンス
　社　2008

尾形和男編著　家族の関わりから考える生涯発達心理学　北大路書房　2006

柏木惠子　幼児期における「自己」の発達——行動の自己制御機能を中心に　東
　京大学出版会　1988

数井みゆき・遠藤利彦編著　アタッチメント——生涯にわたる絆　ミネルヴァ書
　房　2005

川上清文　乳児期の対人関係——その縦断的研究と社会的ネットワーク理論　川
　島書店　1989

鯨岡峻　ひとがひとをわかるということ——間主観性と相互主体性　ミネルヴァ
　書房　2006

高濱裕子　保育者としての成長プロセス——幼児との関係を視点とした長期的・
　短期的発達　風間書房　2001

中島誠編　［増補］発達臨床心理学　ミネルヴァ書房　1998

成田朋子　子どもは成長する，保育者も成長する——人と関わる力を育む保育
　と成長し続ける保育者　あいり出版　2008

ハッペ・F.　石坂好樹・神尾陽子・田中浩一郎・幸田有史訳　自閉症の心の世界—
　—認知心理学からのアプローチ　星和書店　1997

ペダーセン・F. A. 編著　依田明監訳　父子関係の心理学　新曜社　1986

ボウルビィ・J.　黒田実郎ほか訳　母子関係の理論　（I）愛着行動　岩崎学術出
　版社　1976

ラター・M.　北見芳雄ほか訳　母親剝奪理論の功罪——マターナル・デプリベー
　ションの再検討　誠信書房　1979

4章 人と関わる力の発達の様相
―― 発達を見通し，子ども理解につなげるために

1節 乳児の人と関わる力の発達の様相

1 おおむね6カ月未満

(1) 発達の特徴

　a 全体的な特徴

　人間は，生理的早産の状態で生まれてくるといわれ（ポルトマン／Portmann, A.），他の哺乳類の動物と比べて未熟な状態で誕生する。しかし，研究の進歩により，生得的に様々な能力を持って生まれてくることが明らかになってきた。そして，生後約半年の間に子どもは急激な発達を遂げる。たとえば生後4カ月では，出生直後と比べ身長は約10センチ以上伸び，体重は約2倍となる。また，様々な機能についても著しい発達を見せる。

　b 粗大運動の発達

　全身の運動面の発達については，首も据わらず，自分で体を支えることができない状態から，首が据わり，腹這いの姿勢がとれるようになったり，寝返りができるようになったりする。つまり，生後半年の間に，重力に抵抗する姿勢がとれるようになるほどに筋力が発達し，また自分で移動をすることができるようになるのである。

　c 微細運動の発達

　生後1カ月くらいは，軽く手を握りこんでいる状態であるが，その後，手に触れたものをぎゅっとつかむ把握反射が見られるようになる。このように，刺激に対して手を開いたり握ったりすることができるようになることを経て，自分が欲しいものに手を伸ばし，つかむという一連の動作ができるようになっていく。

d 認識の発達

生まれて間もない時は，視力もあまりなく，母親の目をじっと見るような姿しか見られないが，徐々に動くものや，母親の動きを目で追うこと（追視）ができるようになる。

音に対しては，音がしてびくっとするだけの状態から次第に音のするほうに顔を向けるようになる。その後，母親とそれ以外の人の声と区別できるようになる。

e 自我・情緒の発達

生後1，2カ月の感情は快・不快のレベルであり，表現方法は泣くことがほとんどである。それが，感情表現としての微笑が見られるようになり，4カ月くらいには喜怒哀楽というように，情緒面の分化が進んでいく。あやされてにっこり笑う，寂しがって泣く，自分の名前を呼ばれて反応する，などの姿が見られるようになる。

また，生後2，3カ月頃から機嫌のよい時に「アー」「ウー」など，クーイングと呼ばれる声を出すようになる。そして，4カ月くらいになると「アーアー」「ババババ」など，喃語と呼ばれる発声を行うようになる。それが次第に声がけに応じて声を出したり，また赤ちゃんから声を出して人を呼んだりとういうように，声におけるやり取りが見られるようになる。

（2）人と関わる力の発達・育む援助

この生後6カ月の間に，人は受身の存在から，能動的な存在，つまり，自分から人や物に関わるようになっていく。保育においては，子どもの主体性を大事にしなくてはならないが，すでにこの時期から子どもには意志や自発性が育っているのである。

生後間もない頃は，自分で体を支えることもできず，また栄養も与えられないと生きていけないというように，養育者が働きかけないと生命の維持が難しい。また，前述のとおり快・不快が情緒の種類であり，泣くことが主な表現方法である。たとえば，おなかが空いた，眠い，おむつが濡れて気持ち悪いなど

の状態を泣くことで伝える。その表現に対して，養育者が応えることで赤ちゃんは快の状態になる。この繰り返しで，赤ちゃんは安心感を覚えていき，また自分の不快な状態を取り除いてくれる養育者（主には母親）に対して，他の人とは異なる特別な反応を示すようになる。そして，認識の成長も重なり，母親を他の大人と区別し，求めるようになるのである。このように，エリクソン（Erikson, E.H.）の言う，人や世の中への「基本的信頼」が形成されていく。赤ちゃんの生理的欲求に応えることは，生命の維持だけでなく，赤ちゃんがその後成長し，世の中で安心して自分を表して生きていくために必要なことである。

　また，人と関わるための表現方法として，微笑や笑いが現れる。もともと笑うことは，人に備わった顔の筋肉の動きであり，新生児期では，眠っている時などに笑っているような表情を見せることがある。これは，生理的（自発的）微笑と呼ばれる。高橋惠子（1973）によると，1カ月くらいになると目から入る刺激に対して笑うようになり，3カ月頃には，人なら誰に対しても笑うようになる。そして，母親とその他の大人とが区別できるようになる6カ月頃では，見慣れている人に対して微笑むが，見慣れない人には緊張を表すようになるというように，徐々に感情を伴う笑い（社会的微笑）へと変化していく。

　このように，もともと赤ちゃんに備わっている微笑・笑いは，感情などの表現へと変化していくのだが，これを支えるのが養育者の関わりである。つまり，赤ちゃんが見せる筋肉の動きである微笑・笑いに対して，養育者があやしたり，かわいいと伝えたりなどの反応をすることで，赤ちゃんは微笑・笑いの意味を覚えていくのである。

　以上のように，子どもが人と関わる力や自分を表現する力を育てていくために

図4−1　生理的微笑

は，養育者の影響が大きく，保護者に代わって子どもと接する保育者の役割が重要であることが理解できる。

(3) 生活の中で見られる子どもの姿から関わりを考える
 a 「どうして泣いているの？」
　この時期の赤ちゃんにとって，泣くことは自分の状態や感情を伝える大切な方法である。それまでに赤ちゃんと関わったことがない人は，目の前で赤ちゃんに泣かれたら対応に困るのではないだろうか。赤ちゃんの泣きに対しては，生活リズムや赤ちゃんの様子から，泣きの原因を突き止め，対応することが大切になる。はじめの頃は，不快な状態が泣きの原因であるが，情緒の発達により，寂しくて泣くというような，甘え泣きが見られるようになる。つまり成長に伴って感情が分化し，泣くことすなわち負の感情，ということばかりではなくなる。言葉でのやり取りができない分，赤ちゃんを理解しようとする心，赤ちゃんに寄り添った対応が必要になる。
 b 「話しかけても無駄？」
　赤ちゃんは言葉を発しないため，大人の言葉を聞かせても意味があるのかどうか悩むかもしれない。意味のある言葉を発し始めるのは1歳前後であるが，すでにこの時期から言葉を獲得するための準備が始まっている。泣き，笑いも表現の方法であるが，徐々に赤ちゃんは喃語を話し始める。この赤ちゃんからの発声である喃語に応じていくと，こちらの発語に応じて声を出すようになり，また，赤ちゃんから意図的に発声をして関わりを求める姿も見られるようになる。このようにして，コミュニケーションの形が生まれ

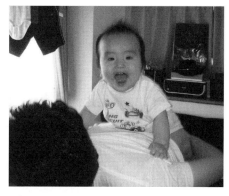

図4-2　親のあやしと赤ちゃんの笑顔

る。つまり，赤ちゃんが意味のある言葉を話す，話さないにかかわらず，言葉を伴ったやり取りはこの時期から大切である。

　このような声でのやり取りは，何気ない日常の関わりの中で生まれる。赤ちゃんがリラックスしている時に声が出やすいが，泣いている時，授乳中など，赤ちゃんの様子に合わせて，共感し，代弁していく関わりの積み重ねが重要である。

2　おおむね6カ月から1歳未満

(1) 発達の特徴

a　全体的な特徴

　この時期に，独り歩きや言葉を話すことの準備が整い，いわゆる赤ちゃんの卒業に向かっていく。自分からいろいろなものに活発に働きかけるようになる時期であり，この子ども自身の意欲や自発的な行動が，発達を支えるのである。

b　粗大運動の発達

　生後6カ月を過ぎてくると，座位が安定し，腹這いの姿勢で過ごすことも増えていく。そして，ずり這い，四つ這い，高這いと這い這いでの移動が盛んになる。一方で，立位の姿勢も増えていき，つかまり立ち，伝い歩きを経て，1歳前後で独り歩きができるようになる。つまりこの時期は，粗大運動の成長が著しく，個人差が大きいのが特徴である。

c　微細運動の発達

　物を持ち替えることができるようになり，0歳後半になると，つかむ・離すという操作が巧みになっていく。入れ物から取り出す，入れるという遊びや物を引っ張り出すなどのいたずらを盛んに行う。また，小さいものをつまめるようになる。このような指先の発達により，1歳を過ぎると積み木を積む遊びもできるようになる。

d　認識・言葉の発達

　0歳前半は，1つの物を舐めたり振ったりして確かめながら遊ぶが，0歳後半になると，物と物を関係付けて遊ぶようになる。手に持っている物を打ち合わせてみたり，叩きつけたりして，音や感触などその反応を楽しむ。

言葉の発達については，反復喃語，音声模倣などの過程を経て，1歳前後で「パパ」「ママ」などの片言の言葉を話すようになる。また，生後10カ月くらいになると，「ダメ」「ちょうだい」など言われていることが分かってくる。

また，生後10カ月頃から，興味を持ったものに対して盛んに指さしを行うようになる。

e　自我・情緒の発達

生後6カ月を過ぎてくると，自分の名前が分かるようになり，名前を呼ばれると顔を上げたり振り向いたりする。

生後10カ月くらいでは，いたずらをしている時に声をかけられてビクッとしたり，叱られて泣いたりするようになる。逆に，ほめられると喜ぶようになる。また楽しいことやほめられることを何度も催促する。

(2) 人と関わる力の発達・育む援助

生まれてから，養育者によって与えられた愛情や関わりにより，子どもは養育者に対して特別な感情や強い思いを抱くようになる。この子どもと養育者などの特定の大人との心の結びつき（絆）を，ボウルビィ（Bowlby, J.）は愛着と名付け，子どもには他者との結びつきを求める能力を生得的に備えていると唱えた。この愛着が形成されると，愛着の対象である養育者がいなくなると泣いたり，後を追うようになったりする。また，子どもは，養育者との深いつながりを基盤にして，外界に興味を持って関わる意欲を持つようになると考えられている（Ainsworth, M. D. S.）。ボウルビィは，「特定の対象からタイミングよく，また快適に応答されることが繰り返されるようになると，愛着が形成される」としている。つまり，日々の子どもに応じた対応や関わりの積み重ねによって，子どもと養育者の関係が深まり，それを基盤に子どもは安心感を得て，自分の世界を広げていくことになるのである。

また，特定の人との関係の深まりから，自分1人での遊びには物足りなくなり，相手を巻き込む遊び，やり取りする遊びを好むようになる。つまり，ボウルビィが述べる，持って生まれた他者との結びつきを求める能力を発揮して，

図4-3 やり取り遊びをしている親子

積極的に関わりを求めるようになる。言葉の理解の発達も伴い,「ちょうだい」「どうぞ」のやり取りを楽しむことや,見て覚えて再現する力の発達から,真似や芸をして喜ぶことが見られるようになる。相手の反応を見て喜び,さらに関わりを要求し,またその中で様々なことを覚えていくのである。

以上のように,1歳前後の時期は,特定の養育者との愛着関係を基盤に,人と関わる力を発揮し始め,また自分のまわりの物や人への関心を育てていく,重要な時期だといえる。子どもからの働きかけに応じるだけでなく,大人からも働きかけ,子どもの行動に対して肯定的な反応をすることで,子どもの人と関わる力,また様々な力を育てていくことにつながる。

(3) 生活の中で見られる子どもの姿から考える
　a　人見知りをしない子

　特定の大人と愛着関係を築いていくこの時期の子どもは,初めての人,見慣れない人など,愛着対象以外の人に対して人見知りをする。実習で乳児クラスに配属されると,関わりたい思いはあるが,子どもに泣かれたり拒絶されたりして,戸惑う学生も多い。この場合,子どもが見慣れない他者を認識していることや子どもと保育者との愛着が形成されていることの表れであるため,焦る必要はない。子どもの不安な気持ちを汲み取ることが大切である。

　しかし,中には人見知りをあまりしない子どももいる。養育者以外に様々な大人の関わりがある場合や,子どもたちに囲まれて育った場合などは,人慣れをしていることがある。また子どもの気質や性格にもよる。情緒面の発達のプロセスや愛着を基盤として得られる成長を考えると,誰に対しても同じ反応を

することは気がかりな一面もある。一番関わっている養育者を理解できている
か，関わりの中でやり取りを楽しんでいるのかなど，注意深く見守ることが大
切である。

b　1人遊びが好きな子ども

　子どもが自分のペースで物と関わり，試行錯誤することで物を認識したり，
遊びを深めたりすることから，1人遊びは大切な遊びである。0歳児であろう
と6歳児であろうと，1人遊びを尊重することは集団生活においても必要なこ
とである。しかし，この時期に人と関わる力が大きく発達していくことを考え
ると，1人遊び中心で人と関わろうとしない，関心を持たないということは，
一方で注意を払わなくてはならないことである。ボウルビィが述べるような生
得的な能力があっても，それを発揮する力が弱い子どもが中にはいる。また，
様々な研究の結果から，生得的に持って生まれていても，環境が整っていない
場合や働きかけが不十分，不適切な場合，その能力が消失することや機能が発
揮されないことが分かってきた。

　この時期の人と関わる力の育ちは，その後の集団生活など人の中で子どもが
生きていくために，重要な基礎の部分となると考えられる。そのため，"1人
で遊んでくれるから"ということで子どもを放っておくのではなく，関わった
り働きかけたりすることが必要である。

2節　1歳以上3歳未満児の人と関わる力の発達の様相

1　おおむね1歳

（1）発達の特徴

a　全体的な特徴

　この時期は，独り歩きが可能になることで移動が自由になり，さらに様々な
物に興味や関心を持つため，活発で行動範囲がかなり広がる。また，自我が芽
生え，自分の世界ができ，意志を強く主張し始める。

b 粗大運動の発達

おおむね1歳前後に歩けるようになると、活発に動く中で歩行が安定していく。また、歩行のスピードも速くなる。

c 微細運動の発達

つかむ・離すという手の動きが自在になり、積み木を高く積めるようになる。また、手首のしなやかさが増し、描画では円錯画が描けるようになる。日常では、スプーンなどの道具を使って食べることや、クレヨンで描いたり、積み木を積んだりする遊びが見られるようになるなど、道具を操作することや道具を使った遊びが増える。

d 認識・言葉の発達

まわりの大人のすることや他児の行動を見て、真似て取り込もうとすることが盛んになる。簡単な形を認識し、遊びでも型はめなどを好むようになる。

言葉については、聞いた言葉を覚えて語彙をどんどん獲得する。また、指さしを盛んに行い、指さした物の名前を教えられると覚えていく。2歳近くになると、「ワンワン・いた」などの二語文を話し始める子どももいる。また、理解面では、名称理解が進み、「○○取って来て」などの簡単な指示に従えるようになる。

e 自我・情緒の発達

自分の意思で自由な移動が可能になり、様々なことに興味を示すこの時期は、自我が成長し、「いや」「これがいい」など自分の意思をはっきり示すようになる。一方で、手伝いをほめると機嫌が良くなり、相手の意に沿うことを喜んで何度も繰り返し行う姿も見られる。

図4-4 指さし行動

（2）人と関わる力の発達・育む援助

1歳台の1年間は，歩けるようになることで行動範囲が広がる。身近な人や物に興味や関心を持つようになり，積極的に働きかけるようになる。大人の行動の真似をしたり，興味のある子どもの後を追ったりする。1人遊びも行うが，相手をしてくれる大人と追いかけ合いなどの関わり遊びを好むようになる。

友達に対しては，行動を真似たり，関わりを求めたりするようになるが，互いに自我が育ち，自分の思いを主張するため，ぶつかり合いが生じる。

この時期の子どもは，自分の物と他人の物の区別がつかない上に，「欲しいものは欲しい」と我慢できない。また，言葉の発達が十分でなく，「貸して」などやり取りで必要な言葉がうまく言えない。そのため，子ども同士の物の取り合いや，トラブルが増えていく。人と関わる楽しさ，友達と一緒にいる楽しさを理解できるように，保育者が子どもの楽しさや喜びに共感しながら，他児との関係調整を行うことが大切になってくる。

（3）生活の中で見られる子どもの姿から考える

a　物の取り合い

この時期の子どもは，友達へ興味を示し一緒に遊ぶようになるが，一方で物の取り合いなどのトラブルも発生するようになる。互いに我慢ができない，言葉で伝え合うことが十分にできないためである。大人は，この時期の子どものトラブルに頭を悩ます。子どもへの対応として，おもちゃを取り上げた子どもに「勝手に取ってはいけない」と伝えることも大切だが，発達を考慮して対応することが求められる。1歳台の子どもの言われたことを理解する力は限られている。大人が分からせようとして一生懸命理由やルールを伝えれば伝えるほど，要求が通らない，意味が分からないため，子どもは混乱する。またこの時期は，別の物に関心が移りやすい時期である。大人が思いを伝える時は，短く簡単にその場で伝える。そして，他に面白そうな物に目を向けるようにしたり，我慢できたことをほめたりする。そうすることで，物を取った側も取られた側も気持ちを切り替えることができるだろう。

b 手が出る

子どもが友達と関わりを持ち始める時期の保護者の悩みとして，自分の子どもが「友達に手を出す」を挙げる保護者は少なくない。「手を出す」ということは，子どもの表現方法の1つである。嫌なことやして欲しくないという思いを言葉で表現できないため，叩いたり，引っかいたり，押し倒したりすることで表す。一方で，逆の場合もある。「友達と遊びたい」「関わりたい」という思いの現れであることもある。

どちらの場合も，表現方法としては適していないため，相手に伝わりやすく，相手が不快にならない方法を覚えていくことが必要となる。そのためには，大人が代弁をしたり，モデルを示したりすることが大切である。友達に手を出すことは適切な方法ではないが，いずれにしてもその子なりの思いがあっての行動である。その思いを汲み取った上で，相手とスムーズに関わることができる方法を示していかなければならない。

2 おおむね2歳

（1）発達の特徴

a 全体的な特徴

2歳児は，より行動が自由になり，活動範囲が広がる。また，いわゆる「魔の2歳児」と呼ばれるように，自我の発達に伴い，自己主張を盛んに行うようになるため，対応に苦慮する時期である。しかし，大人の対応やぶつかり合う経験を積み重ねることにより，他者の存在や思いに気付き，自己抑制を身に付けていく。

b 粗大運動の発達

走る，飛び跳ねる，飛び降りるなど，体を思うように動かすようになる。また，2歳後半になると片足を上げることや，足を交互に出して階段を昇ることなど，片側に重心を乗せる動作もできるようになる。

c 微細運動の発達

2歳児は，両手に道具を持って遊び，箸やはさみなど道具の使用が広がる。

描画については，直線や閉じた丸を描けるようになる。

d　認識・言葉の発達

　自分が積み木で作ったものや描いたものに対して，「電車」「パパ」など，盛んに見立てを行うようになる。ままごと遊びでも，砂のプリン，紙をちぎったラーメンというように，食べられないものを食べ物に見立てて，食べる真似をして楽しむ。

　言葉の発達については，表出面では文章で話すことがますます上達し，自分の思いを一生懸命話そうとする。理解面では，「待ってて」「あとで」など，先のことを見通す言葉が理解できるようになる。また，大小，長短など，物を比較して考えることができるようになる。

e　自我・情緒の発達

　自我が成長し，「これはいや」「自分でする」などの自己主張を盛んに行うようになる。一方で「できない」と言い，してもらいたがることもある。また，自分のしたことを認めてもらいたいという思いも強く，ほめると満足な表情を見せる。

（2）人と関わる力の発達・育む援助

　2歳児は，自己主張が盛んで，大人の言うことを聞こうとしない，自分でしようとするなど，いわゆる「第一反抗期」の只中である。思い通りにいかないとかんしゃくを起こしたり，人や物に当たったりなど，大人は対応に悩まされる時期である。

　また，友達に興味を示して関わることも増えていくが，お互い自己主張をし合う時期であるため，物の取り合いなどのトラブルはさらに増えていく。うまくいくと，平行（並行）遊びから数人で見立て遊びを行うことや，自分から友達を誘うことができるのだが，順番が守れなかったり，相手の意図を汲み取れなかったりして，トラブルが生じる。

　この時期の対応として，まずは，自己主張が「自我の育ち」であることを頭に置いて関わることが大切である。自己主張をすることは，人として人の中で

生きていくためには必要な手段であるため，その現れ・育ちを認めることが基盤となる。しかし，社会生活では，主張すれば思い通りになるとは限らない。むしろ，我慢すること，相手と折り合いをつけること，譲ることのほうが多いかもしれない。これらのことができるようになるためには，まず子どもの思いを受け止めた上で，子どもに対して「いけないことはいけない」「これはよいことである」ということを，根気強く，繰り返し伝えることが必要になる。そして，我慢できたこと，譲れたことを認める，ほめることが大切である。

（3）生活の中で見られる子どもの姿から考える

a 「順番」

2歳児は動きが活発になり，園庭でブランコや滑り台などで遊ぶことを好むようになるが，同じ遊具で遊びたい子どもが何人か出てくる。そこで順番を守ることが求められるようになる。この時，力の強い子，動きの速い子が何度も遊び，気が小さい子，体の小さい子が順番を抜かされたりすることがある。しかし，いきなり順番を守れるようになる子どもはいない。この時期は，保育者が間に入り，互いの「遊びたい」という思いを汲み取り，その中で相手の思いに気付けるように対応することが求められる。まだ自分の思いをコントロールすることが難しい時期であるが，子どもの思いを受け止め，保育者の思いや相手の子どもの思いを代弁して伝える。そうすることで，子どもは他者への思いに気付くようになる。そして，譲れた，我慢できたことを認めることで子どもは自信を持ち，譲ること，我慢することが損ではないことを学んでいく。

b 「自分でする」

意志表示を盛んに行う2歳児は，様々なことに挑戦しようとする。この時，大人から見てできそうもないことを「する」と言ってきかないことや，「する」と言ったのに「やって」と頼ってくることがある。まだ自分の能力を把握できない2歳児は，無理なことに挑戦することがある。どこまで手を貸し，どこから子ども自身で取り組むようにするのか，その調整は難しい。失敗することで自分には難しいということを理解できるかもしれないし，手を貸してできたこ

4章 人と関わる力の発達の様相　105

図4-5　順番を待っている子ども

図4-6　自分のことを自分でしようとする

とで自信を付けることもあるだろう。また，自立に向かう過程では，様々な葛藤が生まれる。「自分でしたい，でもできない」「一人がいい，でも甘えたい」という心の揺れ動きを理解し，頭ごなしに叱ったり決め付けたりせず，対応することが大切である。相手に理解してもらえたという経験が，子どもの心にゆとりを生み，相手に寄り添おうとする行為につながるのではないだろうか。

3節　3歳以上児の人と関わる力の発達

1　おおむね3歳

（1）発達の特徴

　a　全体的な特徴

　2歳児の自己主張と葛藤の時期を乗り越え，3歳児は相手に合わせることやこれから始まることへの構えができるようになる。また，食事や排泄など身のまわりのことが自立し，保護者から離れて新たに集団生活を始める基盤ができる。

　b　粗大運動の発達

　ケンケンや，三輪車を漕ぐことができるようになる。基礎的な運動能力は一

応育つ。

c　微細運動の発達

箸で食べる，はさみを使うなど，道具を使うことがより巧みになる。また，手で押さえて描く，折るなど，両手でバランスをとりながら行為や動作を行うようになる。

d　認識・言葉の発達

3歳児は，顔の構成要素が分かり，人の顔を描くようになる。重さを比べて重いほうを選ぶなど，重さを理解するようになる。また，数の理解が進み，数を数えること，言われた個数だけ選ぶことができる。数を意識して物をいくつかに分けることも可能になる。

言葉については，名称や機能について知りたい欲求が生まれ，「なぜ」「どうして」など質問を盛んに行う。結果について予測することができるようになり，この場合はどうしたらよいか理解できる。

この時期は，一つ一つ個別に見ると種類や色，形，大きさなどが異なっていても，その差を無視して1個や1人と捉えていくというように，具体的な理解から抽象概念の理解に進む時期である。

e　自我・情緒の発達

自分の名前や年齢を答えるだけでなく，性別も理解でき，自分についての理解が進む。また，人の役に立つことに誇りや喜びを抱くようになる。

(2) 人と関わる力の発達・育む援助

2歳児のぶつかり合いを経て，3歳児は友達と分け合うことや順番を守ることができるようになる。また，平行（並行）遊びではあるが友達と遊んだつもりになることなど，お互いが成長したこともあり，2歳児より友達と過ごすことを楽しく感じるようになる。

また，3歳児は，保育の集団生活を開始する子どもが多いが，生活を共にする中で友達の存在が徐々に大きくなる。友達を意識し，共に生活する相手，遊びを共有する相手としての認識が生まれていく。

しかし、上記のような関係性や自律の発達はあるものの、3歳児はまだ自己中心性の残る時期である。自分の思いのままに動き、自由に生活する子どもたちである。そこに、集団生活の開始によって保護者のもとを離れるという大きな環境の変化が加わると、子ども同士のトラブルが生じるのは必然である。この場合、新たな環境の中で、友達に気付き、存在を認め合い、自分を抑えていく力を育てていくことが大切になる。だが、いきなり友達との関係が築かれていくわけではない。また、保護者のもとを離れて新しい生活を始めた子どもにとって、保護者がいない不安はたとえようもないものであろう。まずは、幼稚園や保育所が安心した環境となるために、保育者が保護者の代わりの存在となるような信頼関係を築くことが基盤となる。子どもの不安な気持ちを汲み取り、楽しいことや嬉しいことに共感し、愛着関係のような結びつきを作ることが大切である。この関係を基盤に、子どもは世界を広げ、他児に興味や関心を持ち、関わるようになるのである。

そして、この信頼関係が形成されることで、子どもは保育者から言われたことを受け入れられるようになる。そして、友達へ思いを向けることや、気持ちに気付くことにつながるのである。

(3) 生活の中で見られる子どもの姿から考える

a 「いきたくない」

新たに集団生活を始めることが多い3歳児では、朝登園を嫌がる姿が、家庭でも園でも見られる。「いきたくない」と言って園に行く準備をしなかったり、園に着いて保護者と別れる際に泣いたりしがみついたりと、表現方法

図4-7 泣いている子ども

は様々である。また，入園当初から始まる場合もあれば，楽しんで通っていたのに……と親が困惑する時期に見られる場合もある。

まったく問題なく園に慣れる子どももいるが，一番身近な存在である保護者と別れて過ごすということは，子どもにとって不安で悲しい出来事である。子どもによっては長く続いたり，休み明けに再び行きたがらなくなったりすることもあるが，いわゆる分離不安を示しているため，長い目で子どもの適応を見ていくことが大切である。保育者が心の支えとなり，また園での生活や友達の様子が分かってくると，次第に落ち着いてくるであろう。

このように子どもが園に行きたがらない時，保護者はどのように対応したらよいか悩む。「休ませたほうがいいのか」「泣いている子どもを置いてきてしまった」など，戸惑い，不安を膨らませている。初めて子どもを園に入れた保護者はなおのことである。これに対して保育者は，保護者の不安な思いを受け止め，泣いている子どもを園に託した保護者の決断を引き受けるなど，保護者への対応も欠かしてはならない。

2　おおむね４歳

（1）発達の特徴

a　全体的な特徴

自然などの身近な環境に積極的に関わり，様々な物の特性を知り，それらとの関わり方や遊び方を体得していく。また，機能間の分化と統合が進み，話をしながら食べるというように，異なる２つ以上の行動を同時にとることができるようになる。

このような過程で自我がしっかりと形成され，自分と他人の区別がはっきりしてくる。

b　粗大運動の発達

全身のバランスをとる能力が発達し，体の動きが巧みになる。４歳前半では，ブランコやシーソーなど不安的な遊具に乗ってもバランスがとれるようになる。４歳後半ではでんぐり返し，くぐり抜けができるようになる。

c　微細運動の発達

描画では，角のある図形を描けるようになる。また，粘土を丸めたり長くしたりして，自分のイメージを持って造形活動を行う。

d　認識・言葉の発達

人を描く際，顔だけでなく胴体や手足を描くことができる。部分をつなぎ合わせて，全体を構成することができるようになる。

言葉については，その日の出来事など接続詞を使いながら文章で話せるようになり，よくしゃべるようになる。また，「しばらく」など時間の間隔を表す言葉を言うようになり，過去形，未来形を用いる。

e　自我・情緒の発達

自他の区別がはっきりし，自意識が芽生えてくる。そして，言葉が行動調整の役割を果たし，見られている自分に気付き，他者の気持ちを察することができるようになるなど，諸側面の発達を基盤に，自制心が育っていく。

（2）人と関わる力の発達・育む援助

4歳児になると，仲間とのつながりが強くなり，一緒に遊ぶ友達を求めるようになる。次第に同性の友達との遊びを好むようになる一方で，けんかも増える。しかし，きまりの大切さに気付き，守ろうとする姿も見られるようになる。これは，自意識の芽生えにより自分を抑えることができるようになったことや，仲間の存在が大きくなり，互いに心地よく生活するために相手の思いに気付くことが大切だと理解できるようになったことによると推察される。自分とは異なる他者の心の働きについて理解している場合「心の理論（theory of mind）」を持っているという。4歳を過ぎたあたりから，自分と他者の考えは別のものであることに気付き始めるというように，認知面の発達も対人関係の発達を支えている。また，それには，互いに自由な振る舞いをしながらも，共に生活を過ごす中で，自分とは違う発想や遊びを展開する友達に興味を持ったり，関わる楽しさを知ったりするという3歳児の発達過程が基盤となっていると考えられる。

この時期では，友達を求める気持ちを大切にし，ぶつかり合いとなった時に，双方の思いを言葉で表現できるように支えていくことが大切になる。自分のしたいこと，嫌なことを言葉で表現するように促すことで，行動ではなく言葉で気持ちを表現できることを学ぶ。また，伝え合うことで，相手，つまり自分とは違う立場の考えを知ることができるようになるからである。

自我や自意識の成長からだけでなく，仲間を思う気持ちから，きまりを守る大切さに気付けるようにしたい。

(3) 生活の中で見られる子どもの姿から考える
　a　いっしょにあそびたい

友達を求めながらも，自分の思いを伝える中で，思いが一致しない場合も出てくる。つまり，互いに「遊びたい」「遊びたくない」というように思いが一致しない場合や，「遊びたい」という思いが一致しても遊びの内容が一致しない場合など，子ども同士で様々なズレが生じる。

4歳児では，言葉の表現方法が未熟であったり，乱暴な言い方になったりすることで，互いに思いを受け入れることができない場合がある。この場合，保育者がお互いの思いを伝え合うことを保障しながら，足りない表現を補うことや代弁することが必要となる。また，したいことが異なって子ども同士がもめている場合，どちらの思いも尊重したい，叶えさせたいと思うだろうが，それは難しいことである。しかし，4歳児は子ども同士で互いの思いやイメージをすり合わせて解決することは難しい

図4−8　同性の友達と，ままごとで遊んでいる

ため，保育者がイメージをつなぎ合わせたり，互いのよい部分に気付けるようにしたりと，間をとり持つことは必要である。

両方の子どもの思いを同時に尊重することが難しい場合でも，「見られている自分に気づく」4歳児の姿を踏まえて，譲れたことでほめられる自分，相手に合わせることで認められる自分を意識させることで，うまく調整できることもあるだろう。一人一人の子どもの希望を同時に叶えることが不可能でも，その瞬間だけでなく，1日，数日と少し長いスパンで，その子どもの思いが叶うように，相手と遊びや思いを共有できるように，支えることが大切であろう。

3 おおむね5歳

（1）発達の特徴

a 全体的な特徴

起床，洗面，着脱，排泄など基本的な生活習慣が身に付き，雑巾絞りや拭き掃除など，簡単な家事の手伝いができる。運動遊びを活発に行い，自分たちできまりを作って，仲間と共に遊ぶ。

b 粗大運動の発達

運動機能がますます伸び，スキップ，ギャロップなどができるようになる。また，静止しているボールや転がってきたボールを蹴ることや，ボールを投げる・受けることの初期の構えとコントロールができるようになる。

c 微細運動の発達

はさみで形を切り抜くことや，紐結びができる。箸で豆をつまむ，紙で飛行機を折るなどの作業ができる。三角形が描けるようになる。

d 認識・言葉の発達

じゃんけんのルール，交通信号が分かり始める。双六やカルタに興味を持つ。「ちょっと」「ちゅうくらい」など，真ん中が分かるようになる。

数の理解については，5以下の簡単な足し算ができるようになり，10前後の数を数えたり，その数だけ選んだりすることができる。

言葉の発達については，「あのね，それでね……」などと，たどたどしいが

文脈を作って話そうとする。話し言葉の文の長さは，平均5語くらいになる。読み聞かせでは，内容について自分なりのイメージを膨らませて楽しむことができる。

　e　自我・情緒の発達

　"一番"ということに関心を持ち始め，一番になりたがったり，一番にこだわったりするようになる。自分なりに考えて判断することや，自分や相手を批判する力が芽生える。

(2) 人と関わる力の発達・育む援助

　5歳児は，友達と言葉による共通のイメージを持って遊ぶことや，目的に向かって集団で行動することが増える。さらに，遊びを発展させ，楽しむために自分たちできまりを作る。また，自分なりに考えて判断する，批判する力が生まれ，自分たちでけんかなどを解決しようとする。

　この背景の1つとして，言葉の発達が挙げられる。以前は動作や物を媒介にしていたのが，言葉の持つ意味を理解し，また言葉から生まれるイメージを共有して，遊ぶことや行動を共にすることができるようになる。また，相手に思いを伝える手段として言葉が役割を果たすようになり，行動ではなく，話し合って互いの思いをすり合わせたり，仲間で言葉を交わしながら問題解決へ導いたりすることができるようになる。つまり，言葉が関わりを生み出すだけでなく，遊びや関係を発展させる手段となったのである。そして，遊びや生活においてきまりを作り出す際も言葉が機能する。互いの言葉の意味を理解して，言葉を交し合うことでそれぞれが自己統制をし，心地よく，楽しく過ごす際に役立つ。そして，このきまりが仲間意識を一層強め，仲間で過ごす楽しさを増していく。

　また，言葉以外にも，自我や社会性の発達も影響を与える。4歳児は，「見られている自分」に気付くという自意識の芽生えがあったが，さらにそれが成長する。5歳児は，他人の役に立つことを嬉しく感じるようになり，自分が良く評価されたり，他人に認められたりするために，努力するようになる。

　行為者の動機やコスト（何らかの犠牲や損出）の有無にかかわらず，他者に

とって肯定的もしくは利益をもたらすような行動を，向社会的行動（prosocial behavior）と呼ぶ。この行動は乳児期や2,3歳でも見られるが,5歳児になると，相手やまわりのことを考えた行動を進んで行うことが増えてくる。このような発達から，当番などの役割を果たすことができ，それを認められることで自信を付け，またさらに努力することにつながる。そして，グループやクラスの仲間の一員としての自覚が生まれる。

　以上のように，5歳児になると自分たちで友達を求め，仲間を思い，問題解決をするというように，保育者がいなくても仲間で過ごすことや遊ぶことができるようになる。そのため，保育者は，見守り，仲間関係を間接的に支えるスタンスとなる。仲間での遊びが深まるような，言葉でのイメージが膨らむような働きかけや環境構成を行うこと，役割を果たした時にほめて認めることなど，子ども自身や子ども同士の力を信じて関わることが大切である。そして，互いに相手を許したり，異なる思いや考えを認めたりといった社会生活に必要な基本的な力を身に付けていけるように，けんかの解決やきまりを作り出す過程において，互いの思いや考えを出し合うことを支える関わり，それぞれの思いや考えのよさを認める関わりが，保育者に求められるであろう。

（3）生活の中で見られる子どもの姿から考える

a　一番がいい

　子どもが人から良く見られたいと思うようになったり，ルールのある遊びを始めるようになったりすると，勝つことや一番になることを追求する姿が見られるようになる。5歳児では，「自分は一番がいい」という，あくまでも自己中心的な思いによるもので，「皆で勝ちたい」というように，クラスやグループ全体のことを考えているわけではないことがある。つまり，自分が優位に立ちたいために,「一番前がいい」「一番にしたい」「カルタで一番多く取りたい」「じゃんけんに勝ちたい」という思いをぶつけているだけの場合もある。その場合，負けた時や思い通りにならない時に，泣いたり，まだ終わっていないのに遊びが続けられないような状況にしたりする。

勝負事，競争では，必ず誰かが一番になったり勝ったりする一方で，誰かが最後になったり負けたりする。大人が相手をする場合，調整して負けることもできるが，いつも可能ではない。勝つことの喜び，一番になる喜びを子どもが知り，自信をつけてほしいが，どうにもならないことがあるということを知る経験も大切である。また，負けたことやできなかったことを悔しいと思い，さらに練習や努力をして，できるようになることもある。つまり，悔しさを挑戦する，努力する意欲につなげることが大切である。それを乗り越えることで，子どもはたくましくなり，できたという達成感を感じ，自信を深めるのである。

また，勝つことや一番になることにこだわるのは，ただの自己主張ではなく，子ども自身が「良くありたい」「進歩したい」という気持ちの表れとも受け取れる。その思いを生かして，成長につなげていくことが保育者の役割である。一方で，一番や勝ちを逃すことになったり，負けたりした側の子どもの悔しさ，悲しさを汲み取り，それを主張した側に伝えることも必要である。子どもが相手の立場に立って考えること，互いに認めたり許したりすることができるようになるために行いたい援助である。負けることが損なことではない，勝ち負けだけが評価の対象ではないというように，様々な価値観を子どもに伝えていきたい。そのためには，子どもががんばっている姿やプロセスを認める関わりが大切である。

また，遊びにもルールがあるが，社会生活には様々なルールが存在する。子どもそれぞれの思いに寄り添いながら，仲間の一員としての自覚の芽生え，人の役に立ちたいという思いなど，5歳児の

図4-9　ルールのある遊びをしている子どもたち

成長した姿を捉えて，ルールやきまりを守ろうとする意識を育てていく必要があるだろう。

4　おおむね6歳

（1）発達の特徴

a　全体的な特徴

小学校入学に向けて，様々な事象，文字や数への関心が旺盛になり，学ぶことへの興味を持つ。また，積極的に活動や役割に取り組むようになり，やり遂げることで自信を深め，自立心を高めていく。

b　粗大運動の発達

鉄棒で逆上がりや回転に挑戦するようになる。竹馬，棒のぼり，跳び箱，横転ができる。補助輪なしで自転車に乗る。ドッジボールなど，ルールが分かってできるようになる。

c　微細運動の発達

細かい手指の動きや協応がうまくなり，ナイフで削る，のこぎりで切る，稲を刈るなど，大人がついていればできるようになる。

d　認識・言葉の発達

読み聞かせに興味を持ち，よい主人公の行動に感情移入したり，どんでん返しの面白さが分かったりする。子ども同士の話はすべて理解でき，内緒話もする。話し言葉は平均6語の文章となり，幼児語を使わなくなる。読み，書き，計算などを学ぶことに興味を持ち，ひらがな絵本を読み，名前をひらがなで書く。また，友達など親しい人に手紙を書くようになる。

言葉集め，なぞなぞ，しりとり，替え歌，だましっこ，うそを言ったりして遊ぶというように，言葉で思考する遊び，言葉を用いた遊びを楽しむようになる。

時間については，1時間単位で時刻が分かり，時計を読むことができる。曜日も言えるようになる。昨日，今日，明日や，今年や去年などの時間の流れや前後の関係が分かる。生と死，父母の年齢に興味を持つ。

e　自我・情緒の発達

　良心が芽生え，内的なルールを持ち，自発的な学習をして，約束を守ろうとする。相手の気持ちを察することができる。失敗して泣いても，先生や友達に理由を辿ってもらい，受容と励ましがあると納得できる。こらえ泣き，隠れ泣き，悔し泣き，うそ泣きをする。人前で泣くことを恥ずかしく思い，自立心が旺盛になっていくが，時々は大人に甘えて気持ちを休めることもある。

（2）人と関わる力の発達と育む援助

　子どもの興味や関心は，家庭生活から集団生活に移る。友達も増え，仲間同士で秘密の探検ごっこをしたり，誘い合って自転車に乗り，出かけたりするようになる。このように，友達の存在や仲間意識がさらに強まり，行動範囲も広がる。

　また，友達同士でルールに基づく役割の交代や，役割遊び，勝ち負けのある遊びをする。競争や口げんかが増えるが，互いの主張を聞き，ルールに基づく判断ができる。貸し借りもできる。つまり，一人一人がルールやきまり，役割を自覚し，それに基づいて行動や感情を統制することができるだけでなく，相手を受け入れ，相手の状況や立場を理解して行動することができるようになる。

　このように，友達との関係が深まり，活動範囲が広がることによって，遊び以外にも社会のルールや身近なきまりなど，集団生活，社会生活を送る上で必要な社会的規範に気付き，守る気持ちを育てることが必要になってくる。ただ子どもにルールやきまりを押し付けるだけでは，自分に厳しく，さらに相手を批判する力を持ち始めた6歳児は受け入れることができないだろう。ルールやきまりを守ることは，集団や社会生活において個人が尊重されて生きてくために必要である。そのことに気付くためには，子ども自身が尊重されていることが基盤となる。大人がそれぞれの子どもの存在，思いを認め，大切な存在であることを伝えることで，子どもが自分も他者も大切な存在と捉えるようになる。そして，その大切な存在やその生活を守るために，各々がきまりやルールを守ることが必要だと気付くのではないだろうか。

(3) 生活の中で見られる子どもの姿から考える
a 教えてあげる

　園生活における最終学年となり，役割を果たしたり，皆で協力して行事などをやり遂げたりできるようになる6歳児は，その中で自分自身への自信を深める。その自信や，最年長児としての自覚，相手への思いやりから，自分より年下の子どもに教えたり，世話を焼いたりするようになる。

　この，'相手の役に立ちたい'という思いを尊重することは大切である。相手の役に立った経験から喜びを感じ，人や社会の役に立ちたいという思いがさらに強まる。これは，社会の一員としての自覚や，社会生活を営む上で必要な態度につながるのではないだろうか。

　しかし，相手に教えるということは，時としては望まれない場合がある。教えたいと思っても，自分自身でしたいと思っている子どもにとっては迷惑に感じられる。また，年下の子どもが年上の子に憧れ，教えを請う姿はよく見られるが，この場合でも，教え方が一方的であったり，不十分であったりして，年下の子が泣き出し，教えている年上の子どもがイライラして怒り出したりと，トラブルが発生することがある。特に年下の子どもは，正しいことを教えられても理解や技術が発達していないため，教えたことが伝わらない場合がある。この場合，'教えたい'という子どもの思いを尊重しながら，相手の状況を汲み取って代弁したり，教え方を援助したりすることなどが必要になってくる。また，教わる側に対しても，教えたい子どもの意図を伝えることや，どこにつまずいているのかを察して対応

図4－10　年下の子を手伝う子ども

することが大切である。

'教える'という体験は，相手に何かを伝える力をさらに育てるだけでなく，相手の立場に立って考える機会にもなる。そして，教えたり，相手の役に立ったりした経験が，さらに子どもの自信を深め，年下の子どもや友達への思いやりを育てることにもつながる。そのために，状況に応じて子ども同士をつなぐ役割を保育者が果たす必要があるだろう。

演習課題

1. ０歳から６歳まで，人と関わる力の発達に関係する部分を領域から抜き出し，まとめてみよう。

	粗大運動	微細運動	認知	言葉	情緒・社会性
６カ月未満			・母の動きを目で追う		
６カ月から１歳					
おおむね１歳					
おおむね２歳					
おおむね３歳					
おおむね４歳					
おおむね５歳					
おおむね６歳					

2. 実習で配属されたクラスの子どもたちが，実習生である自分に対してどのような
反応をし，どのように関わろうとしたのか，実習記録などから振り返ってみよう。
また，異なる学年に配属された場合，その発達の違いについても考えてみよう。

引用・参考文献

岡本夏木・清水御代明・村井潤一監修　発達心理学辞典　ミネルヴァ書房 1995
京都国際社会福祉センター発達研究所　新版 K 式発達検査 2001 実施手引書　2002
厚生労働省編　保育所保育指針解説書　2008
厚生労働省　保育所保育指針　2017
田中昌人・田中杉恵　子どもの発達と診断 5 幼児期Ⅲ　大月書店　1988
乳児保育研究会編　資料でわかる　乳児の保育新時代　ひとなる書房　1994
本郷一夫編著　シードブック　発達心理学——保育・教育に活かす子どもの理解
　　建帛社　2007
無藤隆・高橋惠子・田島信元編　発達心理学入門Ⅰ　乳児・幼児・児童　pp.55-56
　　東京大学出版会　1990
文部科学省　幼稚園教育要領　2017

5章　保育の中で育つ人と関わる力 Ⅰ

　本章では，4章で示された乳児（おおむね0歳児）から1〜3歳未満児までの人と関わる力の発達の様相を踏まえ，保育の中で身近な人と気持ちが通じ合う・人と関わる力はどのように育てればよいのかについて述べる。具体的には，おおむね0歳児から2歳児のそれぞれの発達過程に合わせ実践実例を挙げ，その中で章末に個別の月・週案の1例を示す。身近な人と気持ちが通じ合う・人と関わる力を育てるための保育者の援助のあり方について述べる。

1節　乳児期前半（おおむね6カ月未満児）の保育

1　乳児期前半（おおむね6カ月未満児）の指導計画

　0歳児は，前半（おおむね6カ月未満児）と後半（おおむね6カ月から1歳未満児）に分け，発達過程に合わせた指導計画を立案した。①健やかにのびのびと育つ，②身近な人と気持ちが通じ合う，③身近なものと関わり感性が育つ，以上3つの視点を踏まえ，立案した。

	子どもの姿	ねらい	内容	環境と援助・配慮
2カ月〜3カ月	・ほとんど寝ているが，おむつが濡れたり，お腹が空くと泣く［事例1］ ・手足を動かしたり，手をしゃぶったりする ・動くものを目で追う ・あやすと笑ったり喃語を発したりする［事例2］	・生理的欲求を満たし，生活のリズムを付ける ・特定の保育者とコミュニケーションをとり，安心して過ごせるようにする	・抱っこや言葉がけにより，温かで受容的，応答的な関わりをしてもらい，安心して心地よい生活をする ・泣く，笑うなど表情や体の動き，喃語などによる表現を受けとめてもらう	・一人一人の生活のリズムを把握し，無理なく心地よく生活できるようにし，環境に慣れるようにする ・目覚めている時は，優しく声をかけたり，きれいな音色の玩具であやしたりする ・ゆったりとした気持ちでスキンシップをとる

4カ月〜5カ月児	・寝る，ミルクを飲む，起きて遊ぶなどリズムが整ってくる ・首が据わり，寝返りをうつ ・自分の手指をながめたり，ガラガラを握ったりして遊ぶ［事例4］ ・特定の人の顔を見て，喜んだり，喃語で話しかけたりする［事例3］ ・赤ちゃん体操や触れ合い遊びをすると声を出して喜ぶ	・授乳や睡眠・遊びなど生活のリズムを整える ・寝返りを促し，肘で体を支えられるようにする ・見つめたり触ったりして玩具での遊びを楽しむ ・愛情豊かな特定の大人との関わりを喜び信頼感が芽生えるようにする	・授乳や睡眠のリズムが付き，心地よさを感じて過ごす ・寝返りや抱っこで視野を広げる ・握りやすい，音の出る玩具で遊ぶ ・特定の保育者に関わってもらい，発声の楽しさや応答の喜びを知る	・午前・午後の睡眠のリズムの間隔が一定するように，家庭と連携を図る ・手や足が動かしやすいようにし，玩具などで活動を促すようにする ・音色がきれいで安全な扱いやすい玩具を準備し，衛生面にも注意する ・目を合わせ，子どもの気持ちを受け止めながら優しく応答する ・体に優しく触れたり，わらべ歌を歌ったり，名前を呼んだりしてゆったりと関わる
健康安全	・朝の受け入れ時に，子どもの顔色・体温・機嫌・授乳・排便など健康状態をしっかり観察する ・保育室の清潔で安全な環境を整える			
家庭との連携	・家庭との連絡を密にし，生活のリズムや授乳の仕方，寝かせ方などを丁寧に聞き，一人一人に合わせる ・日々の子どもの様子を詳しく伝え合い，安心して預けてもらえるよう信頼関係を築く			

2 泣き声は乳児の「言葉」・人と一緒が楽しい

［事例1］ どうして泣くの？

2カ月 4月

　正雄ちゃんは2カ月後半で保育所に入所してきた。ベッドの中で，スヤスヤと眠っていた正雄ちゃん。そろそろミルクの時間かなと思っていると泣きだした。

　保育者が「正雄ちゃん，おはよう！　おむつかな？　お腹も空いたよね。おむつきれいに替えて，ミルク飲もうね」と声をかけると，正雄ちゃんは少し泣き止む。そこで保育者は，「さあ，おしり，きれいにしようね」と，再び声をかけながらおむつ交換をして，「ミルク作ってくるから少し待っててね」と言って，ベッドのそばを離れる。すると正雄ちゃんは，今までより大きな声で泣きだす。あわてて戻ってきた保育者が，「ごめんね。

ミルク作っていたの」と言って泣いている正雄ちゃんを抱き上げる。泣いてる正雄ちゃんの口元に乳首が触れると，お腹が空いていたのか，すぐ吸い付き「ゴクン，ゴクン」とミルクを飲み始めた。正雄ちゃんは少し飲んでは休み，じーっと保育者の顔を見つめる。そしてまた「ゴクン，ゴクン」と飲む。この動作を繰り返しながらミルクを全部飲みほしたので，優しく背中をさすって，排気させる。保育者が抱き上げ，「おいしかったね」と声をかける。正雄ちゃんはお腹がいっぱいになり，満足な様子である。しばらく抱かれて，心地よさそうである。保育者が，そっとベッドに寝かそうとすると泣いてくる。何度も試みてみるが，ベッドに寝かそうとすると泣きだす。おむつも汚れていないお腹もいっぱいの正雄ちゃんの対応に戸惑っていた時，先輩の保育者が「この時期の赤ちゃんはよく泣くものよ，きっと抱っこしてほしいのよ」と，そばでひと声。このひと声で，戸惑っていた保育者は，「正雄ちゃん，どうしたの？　抱っこがいいのね」と気持ちに余裕が持てた。

〈保育者の考察〉
　赤ちゃんは「泣いて，目覚め，排尿し，乳を飲み，眠る」。このようなリズムの繰り返しで，生活リズムを作りだしていくものである。特に2〜3カ月頃にはよく泣く現象が見られる。原因ははっきりしていないが，決まった時間（夕方が多い）に激しく泣き，何をしても泣きやまない（「コリック」といわれている）ことがある。

　「泣いてばかり」と負担に思うのでなく，泣きは赤ちゃんとコミュニケーションをとるチャンスと捉えることが大切である。泣いている赤ちゃんに戸惑いがちであるが，まわりの人の「泣くものよ！」の声がけは救いになる。泣きやませようと焦らず，心にゆとりを持って，赤ちゃんが泣く理由を考えながら優しく声がけをして，人

との関わりの楽しさや心が通じ合う体験になるよう心がける。愛着関係を形成し，人への基本的信頼を培っていく上で，大切であると考える。

3　おだやかな気持ちでコミュニケーション

［事例2］　泣き声に応えて安心感

　　3カ月　5月

　1日のほとんどをベッドで過ごす正雄ちゃん。機嫌がよいとプレイジムが揺れているのをじーっと見つめ，時々手足をバタつかせて遊ぶようになってきた。

　保育者が「正雄ちゃん，今日はご機嫌だね」と言葉をかけると，正雄ちゃんは声のするほうに目を向け，手足をバタつかせている。「嬉しいの，先生はこっちだよ」と正雄ちゃんの体をさすったり，頬を指でツンツンとつついたりして語りかけ，しばらく遊ぶ。保育者がベッドから離れると正雄ちゃんが急に泣きだした。「あれあれ，どうしたの？」と保育者が体をさすったり，抱っこをしたりすると泣き止み，ぎゅっとしがみつく正雄ちゃん。「先生いなくてびっくりしたね。ごめんね」と背中をトントンすると，目を細めて笑う正雄ちゃんだった。

〈保育者の考察〉

　保育者の声が自分の近くでしなくなったことや，体に触れていた温かい感触がなくなったことで，不安になった正雄ちゃんは激しく泣いて，気持ちを訴えていた。入園当初は泣いている理由も分からないことが多く焦ってしまうこともあったが，しぐさや泣き声から正雄ちゃんの訴えることが，だんだんと読み取れるようになり，気持ちが通じ合うことができ，嬉しい。

　正雄ちゃんも保育者と向かい合う中

で柔かい表情を浮かべ，安心して身を任せてくれるようになってきている。

　泣くことで「〜して」「さみしい」「お腹空いた」など，気持ちを伝えようとしているので，その都度，温かい言葉と触れ合いで受け止め，気持ちに応え，人と気持ちが通じ合う経験を重ねられるようにしていきたい。こうしたコミュニケーションが人を信頼できる安定した心を育んでいくことになると思う。

4　特定の保育者と過ごす

　［事例3］　大好き，「いないいないばぁ」

　　　5カ月　6月

　　保育所での生活にも少しずつ慣れてきた正雄ちゃん。眠っている時間，ミルクを飲む時間，目覚めている時間と生活のリズムが安定してきた。今日はベッドで目覚め，機嫌が良く，「ウォーウォー」と声を発している。目覚めている正雄ちゃんをベッドから床のマットの上におろし，同じ年齢の友子ちゃんの横に寝かせる。

　　保育者は「正雄ちゃん，ウォーウォー」と，同じように正雄ちゃんの喃語に応え目を合わせると，今度はまた正雄ちゃんが，「ウォー，ウォー，アーアー」と喃語を発する。その声のするほうを見て手足をバタバタと動かす友子ちゃん。保育者は「ウォーウォー，アーアー」に優しく応え，しばらく喃語による応答を楽しむ。そして，「正雄ちゃん，友子ちゃん，いないいない」と言いながら，顔を手で覆い「ばぁ」と言って，顔から手をのけると，一瞬ちょっとびっくりしたような表情。でも保育者の優しい笑顔に，2人はすぐ手足をバタバタ動かし，声をたてて笑いだす。2人とも「もっと，して！」と言っているようで，保育者の顔を見たり，となりにいる赤ちゃんを見つめて手足をバタバタさせている。保育者は「いないいないばぁ」を何度も繰り返して，一緒に遊ぶ。

〈保育者の考察〉

　赤ちゃんは，いつも身近にいて，関わってくれる特定の人に，愛着をいだく

ようになる。その人にあやしてもらったり、微笑んでもらったりすると、その人の顔を見てにっこり笑ったり、より多くの喃語を発したりする。このように感情の交流を図りながら、優しい声で子守歌を歌ったりあやしたりする。赤ちゃんが心地よいのは、どのくらいの距離で、どのようなトーンやテンポで遊んであげたらよいのか工夫しながら、目と目を合わせ特定の保育者との関わりを十分楽しめるようにしたい。このことがさらに赤ちゃんの積極的な応答（反応）を育んでいくこと

になる。また、となりで声のする機嫌のよい友子ちゃんの存在にも、関心が向けられるようになってきている。正雄ちゃんが大好きな保育者と一緒に関わることで、楽しみや喜びを分かち合うこと・心が通じ合うことを経験しながら安心して友子ちゃんにも心を開いていくようになると思う。

5　乳児の視線に合わせて遊ぶ

［事例4］「こっち，見て，見て！」

　　5カ月　6月

　手足をしきりに動かし、手と手を合わせたり、足を触ったりして遊ぶ姿が見られるようになると、少し手を添えただけで寝返りができる。

　正雄ちゃんも首がしっかり据わり、うつぶせにすると頭を横に向けたり、上に持ち上げたりできる。そして、両手の腕で体を支えるようになる。目の前に正雄ちゃんの好きなガラガラの玩具を見せてみる。

　保育者は「正雄ちゃん、ホラ、ガラガラだよ」と、保育者も同じように腹這いになって、ガラガラを正雄ちゃんの目の前で振ってみせる。

　正雄ちゃんは、しっかりと頭を持ち上げ、ひじを伸ばして手のひらで体を支えて、目の前のガラガラをつかもうと手を伸ばし、両足で床を突っぱっている。

保育者は，正雄ちゃんの足の裏にそっと手を添えて，「ほら，もう少しだよ」と言葉をかけると，全身の力を足に入れ「よいしょ！」とばかりにふんばる。

　正雄ちゃんは，（ちょうど平泳ぎの時のようなスタイルになって）玩具に手を出し，つかむ。それを口に持っていって，なめて遊んでいる。

〈保育者の考察〉

　この頃になると，玩具に興味を示し，手を伸ばし，自分で必死でつかもうとする。そして保育者と玩具を見つめるようになる。玩具に興味が持てるように，見えるところに用意しておく。正雄ちゃんがつかみやすく，また音の出る玩具を用意しておくと，物との積極的な関わりが始まってくる。

　時々は正雄ちゃんの視野の広がりも考え，膝の上に抱っこしたり，外気に触れたりもする。また目覚めている時間は，動きたい正雄ちゃんの気持ちを大切にしてそっと手助けをし，動く楽しみを知らせていきたいと思う。このことは，興味のある物や人に自ら関わる意欲を育むことにつながり，保育者と同じ物を見る視線の共有になり，心の通い合いが出きるようになる。それと，適切な刺激を受けて運動機能の発達を促すことになる（また，保育所などでは，何人もの保育者がいるので，腹這いになっている赤ちゃんの前は，通らないように心がけたり，赤ちゃんからは保育者の足しか見えないことに，注意したいと思う）。

5章　保育の中で育つ人と関わる力Ⅰ　127

2節　乳児期後半（おおむね6カ月から1歳未満児）の保育

1　乳児期後半（おおむね6カ月から1歳未満児）の指導計画

	子どもの姿	ねらい	内　容	環境と援助・配慮
6カ月〜7カ月	・身近な人にあやしてもらうと喜び，手足を動かして喜ぶ［事例3−①］。その反面見慣れない人を見ると泣く（人見知りが始まる） ・身近な人や物に興味を持ち，相手をしてほしいと自分から声を出して人を呼ぶ［事例1−①］ ・腹這いで後退りしたりお座りしたりして遊ぶ［事例2］ ・思うように動けなかったり，保育者がそばにいなかったりすると泣く ・離乳食が始まる	・1対1で十分に触れ合い，愛着関係を深める ・あやされることを喜ぶ。喃語を促す ・興味のある玩具で遊びながら移動運動を楽しむ ・甘えたい気持ちを受け止めてもらい関わりを喜ぶ ・食事，睡眠，排泄等の生理的欲求を満たし生活の安定を図る	・一人一人の欲求に合わせて赤ちゃん体操や触れ合い遊びなど保育者と関わって遊ぶ ・触れたり叩いたり振ったり合わせたりして遊べる玩具で保育者と一緒に遊ぶ ・戸外に出たり散歩をしたりして気分転換をする ・生活のリズムが整い，食事を楽しみ，安心して眠る	・手遊びや触れ合い遊びを通して，人との関わりを心地よく感じるような対応をし，楽しませる ・喃語を十分に受け止め豊かな言葉や表情で返し応答が楽しめるようにする ・子どもが自分から手を伸ばして遊べるように配慮し，腹這いや移動を促す環境の工夫をする ・膝の上に座らせたり，抱っこしたりして甘えに十分応え，安心して遊べるようにする ・初めての食材は家庭で試してもらい，食事の進み具合や体調，睡眠を考慮して無理なく進める
8カ月〜10カ月	・寝返りや這い這い，つかまり立ちなど動くことを楽しむ ・両手が自由に使え，持ち替えたり打ち合わせたりと遊び方が広がり，一人で機嫌よく遊ぶ ・マンマン・ナンナンなど反復喃語が多くなり，リズミカルな発声をする ・人見知りや，思うようにできなかったり，欲しい物がもらえなかったりと泣く理由が複雑になる［事例1−②］ ・保育者とのやり取りを喜び，わざと玩具を投げたり落としたりして関わりを求める ・まわりの友達への意識も芽生え，触りに行ったり，追いかけたりして遊ぶ［事例3−②］ ・唇，舌，あごがうまく使えるようになり離乳食が2回になる	・安全で整った環境の中で手や体を十分動かす活動を楽しむ ・いろいろな玩具に触れて遊びを楽しむ ・単語による発声を促し「人に伝えたい」意欲を育てる ・保育者やまわりの友達と相互に関わって一緒に遊ぶことを楽しむ ・いろいろな味に慣れる	・両手や全身を使って這い這いやつかまり立ちなどをして遊ぶ ・自動車や太鼓などの玩具や空き缶，箱，タオル布などで遊ぶ ・絵本を見たり喃語を盛んに発して遊ぶ ・保育者に欲求を声に出して伝えたり，受け止めてもらったりして応答を楽しむ ・楽しいと感じることを保育者やまわりの子どもと一緒にして繰り返し遊ぶ ・触れ合い遊びやお返事遊びなど人と関わって遊ぶ ・みんなと一緒に食べる	・自分で触ったり動いたりできる安全で広い空間を用意する ・いろいろな感触の材質や，音の出る玩具や生活の品々を手が届くところに準備する ・機嫌よく一人で遊んでいる時は温かく見守る ・喃語に丁寧に応えコミュニケーションを図る ・泣いている理由を汲み取り，言葉にして優しく対応する ・何度も同じことを繰り返す行動を保育者も一緒になって楽しむようにする ・まわりの子どもたちと触れ合って遊ぶ遊びを保育者が仲立ちして楽しめるようにする ・食べることが楽しい時間になるように，工夫し，食事が意欲的に進むようにする

11〜12カ月	・這い這いで登ったり,降りたり,伝い歩きをしたりと,移動の範囲が広がり,探索活動が盛んになる ・生活のリズム(睡眠,食事,排泄,遊びなど)がしっかりしてくる ・ほかの子どもへの関心が広がり,子ども同士で真似たり,友達の名前が分かるようになる[事例3-③] ・「これが食べたい」「自分で食べたい」などの気持ちができて,手づかみで食べる(離乳食が進み完了期が近づく) ・大人の口調を真似たり,動作を真似たりする(バイバイ)。また欲しい物など指さしをする	・様々な活動を試したりしながら,探索活動を楽しむ ・睡眠時間を一定にし,生活のリズムを整える ・豊かな言葉がけを行い,聞く,見る,触れるなど五感を育み,情緒的な絆を持つ ・一人一人の健康状態を的確に把握し,楽しく食事や生活をする ・身近な人や物に働きかけ,自ら遊ぶ意欲を高める	・楽しい雰囲気の中で,体を十分に動かして遊ぶ ・生活の流れが分かり,活動する ・情緒の安定した中で,わらべ歌や手遊び,触れ合い遊びなどを一緒に楽しむ ・楽しい雰囲気の中で,いろいろな食品を味わい,自分で食べる ・生活や遊びの中で保育者のすることに興味を持ったり,模倣したりして遊ぶ	・トンネルや室内滑り台など,楽しく動き回れる工夫をする ・転倒など安全面に配慮する ・大人が話しかけた内容や場所が分かり,予測できるようになってきているので,行動の前に声をかけ,手順も秩序立てて進める ・子どもの反応や気持ちを大切にしながら,言葉にして関係をつなげていくようにする ・自分で食べたい気持ちを大切にし,自分で食べた満足感が得られるようにする ・意味のある言葉を汲み取り,丁寧な言葉で返したり,応えたりする ・探求心が旺盛なので,集中して遊べる環境を準備する ・集中して遊んでいる時は,温かく見守る ・座って両手を使って遊べる玩具(物を出したり入れたり,積んだりする)を用意する
健康安全	・活動が活発になってくるので,活動しやすい服装にし,体調の変化に注意する ・興味や関心が広まってくるので,危険のないように環境を整える			
家庭との連携	・保護者と連携し,1日の生活の流れを把握して,子どもに無理のないような生活リズムを作っていくようにする ・離乳について,保護者と十分に話し合いながら,無理なく進めていく。初めての食品の一さじめは家庭から始めてもらう ・子どもの好きな遊びを伝え合い,共感できるようにする			

2 泣いている理由を考える

［事例1－①］「ぼくも抱っこして！」

　　7カ月　8月

　正雄ちゃんは，美佳ちゃんを抱っこしている保育者のほうを見て泣いている。

　保育者が「どうしたの正雄ちゃん？」と声をかけると，泣きながら這い這いで寄ってきた。

　「そうだったんだ。正雄ちゃんも，抱っこしてほしかったんだね」と優しく声をかけ，「今，抱っこしてあげるよ」と言いながら，正雄ちゃんを抱き上げると泣き止む。

〈保育者の考察〉

　保育者が美佳ちゃんを抱っこしている姿を見て，きっと正雄ちゃんは「自分も！」「ぼくの先生は？」と思ったのだと考える。保育者に思いを汲み取ってもらい言葉に置き換えてもらったことで，正雄ちゃんは満足した。この「分かってもらえた！」という満足感は，きっと，

これからの信頼関係を深めていく上で大切な場面だと思った。思いを汲み取ることで，自分から人に関わっていきたい意欲をどんどん高めていくことにつながると考える。

［事例1－②］　泣いて訴える

　　8カ月　9月

　正雄ちゃんが鈴の音のする玩具を持って機嫌良く遊んでいた時，突然泣きだしたので保育者が見ると，そばで武士ちゃんがその玩具を持っていた。

　保育者が「あっ，武士ちゃんに取られたのね」「武士ちゃんもその玩具

がほしいのね」「ハイどうぞ」と言いながら、同じ玩具を武士ちゃんに渡した。そして武士ちゃんの持っていた玩具を正雄ちゃんに手渡しながら、「正雄ちゃん、泣いているよ。返そうか」と言葉をかけると、すぐ泣き止み、2人はしばらくその玩具で遊んでいた。

〈保育者の考察〉

この頃「玩具を取られた」と泣き、「〜してはダメ」と言われては泣き、「やりたいことが思うようにできなくて」泣き……、泣くことの意味が、様々な理由で複雑になってきている。自分の思いが言葉にして表現できない分、泣いて自分を表現し訴えることが多い。見慣れない人に声をかけられたり、知らない場所に行ったりすると不安になって泣きだすこともある。保育者がタイミング良く泣いている理由を汲み取って、言葉にして対応していくことで安心し、信頼関係が深まっていく。泣いたり、笑ったりと、その子らしさと丁寧に向かい合い、正雄ちゃんの泣いている理由が汲み取れるようしっかりと様子を見守って人への関心が広まっていくようにする。

3 スキンシップでコミュニケーション

[事例2] 抱っこでギュッ！

── 6カ月　7月 ──

斜面やトンネルを使って遊んでいた正雄ちゃん。遊んでいたトンネルから顔を出し、担当の保育者の顔を見つけて、嬉しそうにずり這いし、保育者に向かっていく。そばまでやってくると、膝に手をかけ「ヨイショ、ヨイショ」とよじ登り抱かれようとする。

5章　保育の中で育つ人と関わる力Ⅰ　131

　　保育者が「トンネルから先生を見つけてくれたのね」と言って，正雄ちゃんを抱き上げると，保育者の腕をぎゅっとつかんで笑う。保育者が「嬉しいの，もっとギュッ！　ギュッ！　ギュッ！」と言って，さらに抱きしめると足をバタバタさせ喜ぶ。

〈保育者の考察〉

　遊びと遊びの間やふと気付いた時など，保育者を見つけるとやってきて「抱っこしてほしい」という正雄ちゃん。抱っこしてほしい気持ちもあるのだろうが，遊び終えて「ホッ！」とひと休みしにくるようにも思える。保育者は乳児が「ホッ！」とできるような温かな存在でもあり，次の遊びに向かっていけるようにパワーを貯えるような存在でもありたいと思う。このように，抱っこやおんぶは身体的接触（スキンシップ）

でコミュニケーションをとることになり，乳児の気持ちを和らげたり，安心させたりして，人との信頼関係を育むのに欠かせない行為である。しっかり抱っこしてコミュニケーション力の基礎を築いていく。

4　愛着を育む

　［事例3−①］「触れ合い遊び」って楽しいね
　　　7カ月　8月

　保育者の足の間に正雄ちゃんが座り，向かい合って触れ合い遊びを楽しむ。手をつないで，ぎったんばったんをしたり，顔やお腹をポンポンと触ると声を上げて喜ぶ正雄ちゃん。

　保育者が「いっぽんばーし　こーちょ　こちょ♪……」と歌うと，「へへッ」と笑いながら自分の手を見つめる正雄ちゃん。保育者が「かいだんのぼって　こちょこちょ！」と，脇の下をくすぐると体をよじって大笑い

し、「もう1回して」といった思いで保育者に抱きつく。
　それをそばで見ていた友子ちゃんも「私もして！」とばかりに自分の手を保育者にさしだしてくる。

〈保育者の考察〉
　ベビーマッサージや触れ合い遊びを毎日楽しむようにしている。保育者が「だいこんするよ」「ぎったんばったんしようか」と声をかけると、嬉しそうにそばで仰向けに寝転がったり、手を伸ばして「はやくしよ！」と言わんばかりに待っていたりする。特に顔やお腹に、手や顔が触れることを好んで、体をよじるほど喜ぶ。肌がくっつく感触や手の温もりが心地よいのだろう。保育者も一緒になって大笑いし、「楽しいね」「面白いね」と気持ちを通わすことで、どんどんと正雄ちゃんや友子ちゃんとの距離が、狭まってきているように感じる。保育所の環境の中で子どもと触れ合い、やり取りを楽しめることが正雄ちゃんたちにとって、安心して身を任せられる存在になり、愛着、人への信頼を育むと考える。

［事例3−②］「まてまてー」遊び大好き！
　　9カ月　10月
　保育者が、「正雄ちゃん、まてまてー」と追いかけると、保育者から逃げようと「キャッキャ」笑いながら、這い這いで逃げていく。そこで「まてまてー」と保育者が追いかけると、時々後ろを振り向く正雄ちゃん。「つかまえた！」と言いながら、後からぎゅっと抱きしめると大笑いしながら喜ぶ正雄ちゃん。まわりにいる友子ちゃんや美佳ちゃんも、嬉しそうに見ている。

〈保育者の考察〉

　追いかけられたり，追いかけたりすることが面白い，正雄ちゃんが大喜びする遊びである。楽しさもあるが，追いかけてくる保育者の姿を見て，「自分のところに来てくれる」「自分を見てくれている」という安心感にもつながっているのではないかと思う。快く思う相手でないと遊びも面白くなく，何度も楽しめないものだと思う。自分が，正雄ちゃんにとって大好きと思える保育者であることを嬉しく感じるひと時である。信頼できる保育者と一緒に楽しく遊ぶことを通して，次は同じような遊びを友子ちゃんや美佳ちゃんと一緒に楽しめるようにしていきたい。

［事例３－③］　保育者と一緒に遊ぶ　「大人とのやり取りを楽しむ」

　　　11カ月　12月

　保育者が美佳ちゃんと携帯電話で「もしもし，美佳ちゃんですか？」と遊んでいると，正雄ちゃんがやってきた。保育者が携帯電話を耳に当てたり，「ブルブル～♪」と鳴らしていたりするのを興味深そうに見つめている。

　保育者が，正雄ちゃんの耳に携帯電話を当て「もしもし」と声をかけると，手をブンブン上下に振って喜んでいる。

　正雄ちゃんに携帯電話を渡すと，自分で頬に当て「もしもし」と言うように首をかしげる。

　保育者が「上手だね，先生としようか！」「もしもし，正雄ちゃんですか？」と声をかけると，嬉しそうに首をかしげて応えている。

〈保育者の考察〉

　美佳ちゃんと保育者が遊んでいる姿から，「面白そう」「やってみたい」と手を伸ばした正雄ちゃん。はじめは，美佳ちゃんの携帯を耳に当てていることに興味を持ったのだと思ったが，保育者と美佳ちゃんの「もしもし，○○ちゃんですか？」というやり取りも気になったようである。今までは他児のしていることが気になっても，行動に移すことは少なかったので驚いた。少しずつまわりの

様子にも目が向けられるようになってきて,「面白そうだ」「楽しそうだ」「やってみたい」という意欲が芽生え,模倣が見られるようになった。また,子どもの世界が広がり,大好きな人と心を通い合わせて,1つのテーマ(興味や関心を持つ)で共有して遊びが楽しめるようになり,三項関係が成り立ってくると考えられる。本児の気持ちに合った言葉をかけ,気持ちが満たされるよう関わりを繰り返し一緒に遊んでいきたい。

3節 おおむね1歳児の保育

1 おおむね1歳児の指導計画

おおむね1歳児の指導計画については,あくまでも「おおむね」の年齢で捉え「健康」「人間関係」「環境」「言葉」「表現」の5領域に配慮して立案する。

	子どもの姿	ねらい	内容	環境と援助・配慮
12カ月〜15カ月	・伝い歩きから歩行ができるようになり,行動範囲が広がってきている ・身近な人や物に自分から働きかけるようになる ・指先も器用になり,手を使った遊びなど好きなことに,集中できる[事例3] ・遊びの楽しさが分かり,いたずらをしたり,じっくりと1人で遊ぶ。[事例1] ・自分でしたい欲求を,指さしや身振りで,相手に伝えようとする[事例4]	・1日の生活の流れが分かり安定した生活のリズムを身に付ける ・まわりの人や物に興味や関心を広める ・手指を使った遊びを楽しみ,集中して遊ぶ ・好きな遊びを見つけて,一人遊びを十分に楽しむ	・1日の生活の流れが分かり1日の保育の流れに沿って安定した生活を送る ・自然物や遊具,用具になど様々なことに興味を持って活動する ・「ちぎる」「並べる」「引っ張る」などの活動を楽しむ ・欲しいものを要求したり,保育士に思いを受け止めてもらい自分で遊びを見つけて遊ぶ	・よく動き回るので,歩くスペースを広くし,安全面には十分注意する ・自ら周囲の人や物に関わろうとするので,探索活動がのびのびとできる環境を作る ・手指を使い,力を加えて遊べる物(新聞紙,紙小麦粉粘土,積み木など)を準備し十分遊びが楽しめるようにする ・子どもの手の届くところに玩具を並べ,自分で選べる環境や落ち着ける雰囲気を作り,一人遊びが十分楽しめるようにする

15カ月〜18カ月	・大人から言われた内容が分かり始め，拒否を表す片言（イヤ）や一語文を話す ・友達への関心が高まり，友達のしていることに興味を持って，真似たり，奪い合ったり，かみついたりする姿が見られる［事例4］ ・安心できる保育者のもとで，友達と一緒に遊んだり，触れ合ったりすることを喜ぶ［事例2-①］ ・乳児食になり，スプーンやフォークを持って食べようとする（1日3回食になる） ・睡眠時間が一定し，安定してくる（1回寝）。 ・オマルや便器に座り，排泄しようとする。また，着脱や手洗いなど，自分でしようとする［事例2-②］	・思いや気持ちを言葉にして，信頼関係を深める ・友達と一緒が楽しいという思いを育む ・食べることに興味を持ち，自分で食べたい気持ちが育つ ・できるだけみんなと一緒の時間に眠るようにする ・簡単な身のまわりのことを自分でしようとする気持ちが育つ	・保育者に自分の感情を表出し，要求や気持ちを簡単な単語で伝えようとする ・友達の真似をしたり，一緒に触れたり，試したりして遊ぶ ・手づかみやスプーンを使って自分で好きなものを食べる ・絵本を読んだり，静かな音楽を聞いて，心地よく眠る ・排尿を知らせたり，オマルや便器での排泄に慣れる	・指さしや身振りで表現できる気持ちを言葉に変えて分かりやすく丁寧な言葉で応答して関わる ・感情表現が豊かになってくるので，子どもの行動をしっかり観察し，思いを言葉に換えて共感し，子どもの近くで話すようにする ・子ども同士で，ちょっとした関わりが持てる反面，自分のやりたいことに邪魔されたくないこともあるので，一人一人の子どもの思いを汲み取った対応を心がける ・こぼすこともあるが，自分でスプーンを使って食べたい思いを受け止め，楽しい雰囲気で友達と一緒に食べれるようにする ・室温を整え，静かな雰囲気で入眠しやすい環境を作る ・友達の様子を見ながら，自分もやってみようとする気持ちを大切にしながら排泄の習慣化に導いていく
19カ月〜24カ月	・見立て遊びやつもり遊びができるようになり，イメージを膨らませて遊ぶ ・身振りや片言などを交え，簡単な二語文を使って自分の気持ちを表そうとするがトラブルになることがある。［事例5］ ・「自分もやりたい」気持ちと「上手に伝えられない」イライラ感とが入り交じり，かんしゃくを起こすことがある［事例5］	・生活習慣がほぼ自立し，自発的に活動する ・子ども同士の関わりを育み，自分の気持ちに気付けるようにする ・言いたいことやりたいことを，片言や指さしで伝えるようにする ・様々な体験を通じて，イメージを育み好奇心や遊びへの意欲を高める	・何でも自分でしようとする気持ちが芽生え，いろいろなことに挑戦する ・友達と物のやり取りをしたり，奪い合ったりしながら関わって遊ぶ ・保育者に手伝ってもらいながら，友達に自分の思いや動作を言葉にして伝える ・好きな玩具や遊具に興味を持って関わり，様々な遊びを楽しむ	・いろいろな遊びのコーナーを作り，見立て遊びやつもり遊びが楽しめるような，玩具や道具を用意する ・遊びが展開していくよう見守ったり，言葉をかけたりする ・お互いが自分の気持ちをうまく言葉で表現できないので，それぞれの子どもが何を思って活動しているのか，理解するよう目配りする

19カ月〜24カ月	・戸外で自然に触れて遊んだり,室内では並べたり,積んだり,貼ったり,描いたりの遊びを楽しむ。 ・食事や排泄,着脱などの生活習慣がほぼ自立して,何でも自分でしようとする(オマルでの排泄が増え,おむつとの違いに気付いてくる)。	・基本的な生活習慣や態度が身に付くようにする	・日々の生活の繰り返しの中で,食事のマナーや,排泄,着脱の仕方を知る	・「自分で」という気持ちを尊重し,うまく援助して「できた」という満足感が味わえるようにする。 ・しゃがんだり,走ったり,すべったりと,全身を活発に動かす遊びの環境を用意する。 ・友達と同じ遊びを楽しんだり,1人で集中して何度も挑戦したりできるよう,子どもの気持ちを十分満たす環境を用意する。 ・グループの中でも個人差が大きいことに留意し,発達に合わせた援助の仕方で,様子を見ながらできない部分に手助けをする ・友達の様子や排尿の間隔を見て,トイレに誘ってみる
健康安全	・移動運動や探索活動が活発になるので,生活の様子や体調に気を付けて,安全に過ごせるようにする ・離乳がほぼ完了し,幼児と同じ3回食になってくるので,いろいろな調理の仕方や食品の味に慣れる ・玩具の取り合いなどトラブルによるひっかきや,かみつきが多くなる年齢なので,穏やかで落ちついた雰囲気に心がける			
家庭との連携	・身体面や情緒面などの変化をこまめに連絡し,共に生活のリズムが整うように協力し合う ・自由に動けるようになり,運動量も増えるので衣服の調節しやすい物を準備してもらう ・子どもの欲求や甘えに丁寧に応え,安心して過ごせるよう話し合う			

2　砂場で遊ぶ

〔事例1〕　1人遊びをじっくり楽しむ

　　1歳2カ月　4月

　戸外に遊びにいくと,真っ先に砂場にいく正雄ちゃん。

　「正雄ちゃん今日は何使う?」と声をかけ,用意したスコップやカップを見せる。「これにする!」と言わんばかりにスコップと形抜きを手に,

保育者と並んで座り，遊び始めた。
　「正雄ちゃん，先生プリンを作るね。はい，プリンでき上がり，どうぞ」など保育者が作った形抜きを正雄ちゃんに見せると，「自分もする」とばかりにスコップで形抜きに砂を入れだした。今までは手で砂を握って遊んだり，保育者が作った物を崩したりを喜んでする正雄ちゃんだったが，保育者やまわりで遊ぶ大きい子どもたちと同じようにやりたいと，同じ玩具を手にしてカップに砂を入れ，ひっくり返している。カップに砂が入るたびに，パチパチと手を叩いて「できた」と嬉しそうに保育者に見せてくれる。

〈保育者の考察〉

少しずつ周囲の子どもたちへの興味が高まってきている正雄ちゃん。他児や保育者と同じ物を欲しがり，自分なりに同じことをすることが面白くなってきている。「おんなじ」を楽しめるようになってきたのだと思う。

本児の「おんなじ」ことがやりたいという思いが満たされるように，まわ

りが使っている玩具を用意するようにした。「○○面白そうだね」「お兄ちゃん何してるのかな？」など，徐々に周囲での遊びに目が向けられるように働きかけていく。

3　担当制を導入

　［事例2−①］　一緒のグループだね

　── 1歳3カ月　5月 ──

　1歳児のクラスで，正雄ちゃん，武士ちゃん，友子ちゃん，美佳ちゃんは，同じグループで過ごしている。毎朝，正雄ちゃんは登園してくると，担当保育者が「正雄ちゃん，おはよう」と笑顔で声をかけて抱っこしようとす

るが，お母さんから離れるのがいやで，お母さんの両腕にしがみつき，反対側に顔をそむけてしまう。すると，同じグループの武士ちゃんがよってきて「おはーよー」と正雄ちゃんに声をかけた。顔をそむけていた正雄ちゃんは，担当保育者に抱かれ，武士ちゃんの遊んでいる様子をじっと見ている。担当保育者にしばらく抱かれていたが，武士ちゃんのほうを指さししている。「一緒に遊びたいのね」と担当保育者が武士ちゃんのそばに行き，一緒に積み木を積んで遊ぶ。しばらくすると正雄ちゃんも遊びだす。すると，その様子をじっと見ていた美佳ちゃんは「おはーよー」と，保育者目がけて抱きつきにくる。正雄ちゃんと同じようにしばらく抱っこしていると，「もう満足！」という表情で下におりて遊び始めた。そこに友子ちゃんが登園すると，美佳ちゃんは担当者に入口を指さして友子ちゃんの登園を知らせ，自分から友子ちゃんのそばに行き，笑顔で「おはーよー」と声をかけた。

〈保育者の考察〉

正雄ちゃん，武士ちゃん，美佳ちゃん，友子ちゃんの担当になって，排泄，食事，着脱など生活の場面で，毎日関わってきた。担当制をとることで，よりきめ細やかな対応を積み重ねてきたので，排尿間隔や，食事の好き嫌い，眠い時のしぐさなど，担当の子どもの様子がよく分かり，一人一人としっかり信頼関係が育まれてきている。また，子どもと子どものつながりも芽生えてきていることは嬉しい。

正雄ちゃんと保育者の毎日の関わりの様子を，美佳ちゃんはよく見ており，自分も抱っこしてもらい安心する。どの子どもも同じように保育者に自分の存在を受け止めてもらいたいという気持ちが伝わってくる。このように毎日同じ担当保育者が，グループの子どもと心を通わせることで，「おはよう」という挨拶も自然と身に付く。また子ど

ものほうからも人と関わる手段として，挨拶をするようになってきている。担当制の中で安心し自己の存在を確認しながら，友達にも関わっていけるようになるのだと思う。

[事例２－②]　みんなと一緒のように「自分で！」

――　１歳６カ月　７月　――――――――――――――――――――

　正雄ちゃんは同じグループの友達がトイレで排泄していると，真似をしてスリッパをはきトイレに入っていく。トイレの中をしばらく歩き回っているだけで，その間におしっこでトイレの床を濡らしてしまう。保育者はその様子を見て，トイレを待っている友達もいるので，まずはオマルでの排泄に慣れてほしく，「正雄ちゃん！　オマルでおしっこしよう？」と誘う。すると，トイレの入り口で「トイレへ行きたい」と言わんばかりに「イヤ」と言って泣きふせる。次の機会にも，正雄ちゃんに「トイレではなく，正雄ちゃんはオマルでしてね」と繰り返し伝えるようにしてみたが，どうしてもトイレへ入っていかないと納得がいかない様子であった。

〈保育者の考察〉

　保育者の一方的な思いで正雄ちゃんをオマルへ誘うようにしたが，友達のしていることを自分も同じようにしたいという正雄ちゃんの興味や思いを大切に捉えて，「トイレへ行きたいのね。トイレはおしっこをするところだよ。武士ちゃんみたいにしゃがんでシーシーしてごらん」というようにそばについて知らせるとよかった。そうすれば，正雄ちゃんの思いを満足させると共に，トイレでの排泄を促していく一歩になったのではないかと保育の振り返りをした。担当制の中で細やかな関わりをしているにもかかわらず，友達のことを意識し自分もやってみようとする正雄ちゃんの気持ちに気付けなかったことを反省する。まずは正雄ちゃんの気持ちに共感する応答ができるよう心がけ，次の保育に生かしていこうと思う。

4　1人遊びを楽しむ

[事例3]　遊ぶのが楽しい！

　　　1歳8カ月　9月

　正雄ちゃんは登園してくると，いつも玩具が置いてある棚から，大好きな積み木を持ってきて，テーブルの上に置いて遊んでいる。はじめは積み木を並べたり，上に2～3個積んだりして遊んでいたが，近頃は大きさや深さを確かめながら，順番にはめていく遊びを楽しんでいる。大きさが合っても深さが合わなかったり，反対に深さが合っても大きさが合わなかったりと1個ずつ入れたり出したりを繰り返し，順番に並べている。きちんと順番に並べ終えることができると，またはじめから並べ替え，じっくりと積み木で1人遊びを楽しんでいる。

〈保育者の考察〉

　自由に手が届く棚にいろいろな玩具を並べておくと，友達の少ない朝の登園時間に好きな玩具を使って1人遊びをする姿が見られる。

　正雄ちゃんも指先が器用に使えるようになって，自発的に好きなことが見つけられるようになってきている。できるだけ好きな遊びにじっくりと集中して，1人の遊びが邪魔されず楽しめるようなコーナーを，工夫して設定したいと思う。

　1歳児の1人遊びは主体性の発達（自分のしたい欲求を実現する）を促す上で大切な活動なので，温かく見守っていく。

5 玩具の取り合い

［事例4］ 先生と一緒に絵本見たい

　　　1歳9カ月　10月

　美佳ちゃんが絵本を持ってきたので，保育者の膝に座らせ一緒に見ていると，その様子をじっと見ていた正雄ちゃんも絵本を持ってきて，保育者にさしだして読んでほしいことを要求する。保育者は「正雄ちゃんも絵本読みたいのね。今，美佳ちゃんと絵本を見てるから正雄ちゃんも一緒に見よう」と誘いかけると，少しは一緒に見ているものの美佳ちゃんのことを押したり，叩いたりして押しのけようとする。保育者は「正雄ちゃんも，お膝に座りたいのね。美佳ちゃん，痛かったよ」と美佳ちゃんの気持ちも言葉で伝え，1人ずつ片方の膝に座らせて，まずは美佳ちゃんの絵本を2人で見てから，次に正雄ちゃんの絵本を楽しんだ。2人とも，とても満足した表情で絵本を楽しむことができた。

〈保育者の考察〉

　この時期の子どもは，保育者とスキンシップを多くとることで気持ちが安定して，いろいろな遊びにも目を向けていける。また保育者に甘えたい，独占したいという気持ちがとても強く，しかもまだまだ言葉の発達が未熟なため，押したり，叩いたりする行動に出してしまうことが多い。その都度，保育者がその子の気持ちを受け止めて，互いの思いを言葉に換えて仲立ちをしていく。正雄ちゃんの気持ちを受け止めながら，美佳ちゃんの気持ちも伝えていくことで，少しずつ相手の気持ちに気付いていってほしい。そして，保育者は一人一人とゆったり関わっていくことが必要だと感じた。

　子どもは見ているうちに自分もやりたくなって，手を出してしまうこともある。子ども同士が触れ合う場面で，保育者がどのように関わるかで，友達同士の関係の育ち方に大きく影響を与えることを考えて保育していく。

6 友達とのトラブル

[事例5]「貸して」「イヤ」が言えるといいね

1歳10カ月　11月

　正雄ちゃんは、お気に入りの青色の自動車を手に、レールの上を「ブーブー」と楽しそうに動かして遊んでいた。その様子をそばで見ていた武士ちゃんが、「ぼくもやりたい」と言わんばかりに、横から自動車を取り上げてしまった。すると泣きながら正雄ちゃんが、武士ちゃんの持っていた自動車を取り返そうとした時、武士ちゃんが正雄ちゃんの手にがぶっとかみついてしまった。

　保育者が「正雄ちゃんの自動車で武士ちゃんも遊びたかったんだね」「『貸して』と言ってからよ。だまって取ったから、正雄ちゃんが『返して！』って取りにいったのに、がぶってかまれて痛いって泣いているよ」と声をかけると、武士ちゃんは泣いている正雄ちゃんをじーっと見つめていた。泣き続ける正雄ちゃんをしばらくだまって見ていたが、そのうち自動車を返しにいった。保育者は武士ちゃんに一緒の自動車を見つけ手渡すと、泣きやんだ正雄ちゃんと2人で同じように自動車を「ブーブー」と言って走らせ遊びだした。

〈保育者の考察〉

　友達が楽しそうに遊んでいる様子を見て、友達に関心を持ち、手を出してしまった武士ちゃん。それを泣いて取り返しにいった正雄ちゃん。2人とも、

まだ言葉で、自分の思いを伝えることができず、せっぱつまって手が出たり、かみついたりという行為に出てしまった。保育者は、そばで双方の思いを丁寧に受け止め、言葉にして気付かせていく体験を積み重ねていくようにしている。「かみついたらダメ！」と叱るだけでなく、そ

こに至るまでの思いをできるだけ理解して言語化し，コミュニケーションのとり方を知らせていくことが，子どもが自分の思いを表現する力を豊かに育んでいくことにつながると思う。また，人と関わることで，自分がどうしたいのか自分の思いも確かめていく機会にもなると思う。

4節　おおむね2歳児の保育

1　おおむね2歳児の指導計画

　おおむね2歳児の指導計画については，あくまでも「おおむね」の年齢で捉え「健康」「人間関係」「環境」「言葉」「表現」の5領域に配慮して立案する。

	子どもの姿	ねらい	内　容	環境と援助・配慮
24カ月〜36カ月	・歩く，走る，跳ぶなどの基本的な運動機能が発達し，自分の体を思うように動かして遊んでいる ・手指の動きが細やかになり，集中して遊ぶ ・できることが増え，身のまわりのことを自分でしようとする（衣服の着脱や手伝いなど）［事例1］ ・語彙数も増え，大小，多少の比較ができる ・自分のしたことを（意志）してほしいことを（要求）言葉やしぐさで伝えようとする［事例2-②］ ・言葉による会話が成立し始め「なぜ」「どうして」の質問が多くなる ・自分の物や場所などにこだわりが見られ，自分と他人との区別がはっきりしてくる。また，お互いに自己主張が強くなり，トラブルも多くなる	・自分でしようとする意欲を高め，自分に自信が持てるようにする ・クレヨンやノリなど用具を使って遊ぶ ・保育者に見守られて，身のまわりのことを喜んで自分でする ・いろいろな体験から遊びの幅を広げる ・自分の意志や欲求を保育者や友達に言葉や態度で伝える ・自己主張を受け止めてもらいながら，一方，思い通りにならないことにも気付けるようにする ・友達やまわりの人への興味や関心が高まり子ども同士が関わって遊ぶ楽しさを味わう	・全身を使った遊びを楽しむ ・友達の真似をしたり，後追いをして2〜3人の気の合う友達と遊ぶ ・用具の使い方を知り，製作遊びを楽しむ ・安定した雰囲気の中で，排泄や食事，着脱など自分でやり遂げようとする ・簡単な手伝いをする ・積み木を積んだり，絵本や手遊びを楽しむ ・自分の思いを態度や言葉で伝えてみようとする ・遊具や玩具を友達と取り合ったりしながら，保育者の仲立ちで友達との関わり方を知る ・自己表現をしながらも，友達と関わる中で，保育者の仲介で相手の思いに気付く ・気の合う友達と，簡単な集団遊びやごっこ遊びを楽しむ	・走り回ったり，ボールを蹴ったり，投げたり，高いところに登ったり，跳び降りたりと様々な姿勢をとって，身体を使った遊びが楽しめるようにする ・めくったり，描いたり，丸めたりと手指を使った遊びに広がりが持てるような粘土やクレヨンの準備をする ・1人でできたらしっかり認め，十分にほめて，意欲を大切にしていく ・形容詞を使ったり，見比べて判断したりする機会を増やし，イメージが膨らむようにする ・保育者はゆとりを持って，しっかり聞き，ゆっくり丁寧な言葉がけをする ・会話ができるようになってきたら子どもの伝えたい気持ちを大切にし，先取りし

	［事例2－①］［事例2－③］ ・遊びに必要なきまりや言葉が分かり，集団遊びや構成遊び，ごっこ遊びを保育者や2～3人の気の合う友達と一緒にできる［事例3－①］［事例3－②］			た言葉がけをしないように配慮し，見通しが持てるようにする ・けんかやトラブルなど，衝突が起こりやすいので，自分の思いや相手の思いに気付けるような関わりをする ・「一緒に」「イヤ」「ダメ」など，自我の育ちを受け止めながら，友達と一緒に遊べるようにする ・交代や順番など，ルールのあることを知らせる ・自分がやってもらったことを再現したり，友達の模倣をしたりしながら遊びが展開していくように，保育者が仲立ちしたり，小道具などの準備をしたりする
健康・安全	・何でも自分でやりたいがうまくできないことも多いので，見守りながらできた喜びが感じられるような援助をする ・全身を使って活動するので薄着で生活し，衛生面や休息の取り方に配慮して，健康で楽しく過ごせるようにする			
家庭との連携	・自我が芽生え，思いを通そうとしてだだこねやかんしゃくを起こしたりするので，対応の仕方について知らせたり一緒に考えたりする ・身のまわりのことが自分でできるようになってくるので，着脱しやすい衣服を準備してもらう ・自分の思いが表出でき，やりたい気持ちを受け止めてもらって成長していくことを伝え，温かく見守っていけるように話し合う			

2 自我の芽生え

［事例1］「1人でできたよ！」

─ 2歳3カ月　5月 ─

　外遊びから帰ってきた正雄ちゃんに，「洋服汚れたので，これと着替えよう」と，ロッカーから上着とズボンを出して，保育者が脱がせようとすると「自分で！」と正雄ちゃんは強く主張した。ズボンはすぐに脱げたのだが，上着は袖から腕がうまく抜けずに悪戦苦闘。自分でやりたい，でもできない。

イライラしている様子がうかがえたが，しばらく様子を見ていた保育者が「正雄ちゃんできるかなー？　先生，手伝おうか？」と声をかける。でも「やって！」とは言わない正雄ちゃん。必死で服を引っ張っている。保育者は見守りながら正雄ちゃんに気付かれないように，引っかかっている部分にそっと手を貸して伸ばしてやる。すると，やっと袖から腕が抜けた正雄ちゃん。得意そうな顔で保育者に脱いだ上着を手渡す。「すごーい！ちゃんと1人で脱げたね」とほめる。

〈保育者の考察〉

何でも「自分で！」「1人で！」と自立への道を歩みだした正雄ちゃん。

最近は，保育者の手助けや指示に反発し，自己主張を強くしてくることが多い。ある日，ボタンはめに時間がかかっていたので，保育者が思わず「やってあげるから」と手を貸したら，「自分
で！」と大怒りで手こずらせたことがあった。そこで，すぐには手を出さず，励ましながらゆとりを持って様子を見守るようにしている。上手にできずにイライラしてきた時に，できないところを少しだけ手助けして，自分でがんばったことを認め，満足感が味わえるような関わり方が大切だと思った。また，この時期の子どもは突然，「着せて」と甘えてくることもある。このような時には，甘えたい気持ちにも応えるようにしている。自立と甘えの間を行き来しながら，3歳児へと成長していくのだと考える。

3　自己主張

［事例2-①］「ここぼくの席！」　自己主張する正雄ちゃん

———2歳4カ月　6月———

給食の準備を始めると，正雄ちゃんが席に着こうとやってきた。すでに

座っていた武士ちゃんを見ると，正雄ちゃんは「正雄の」といきなりその場で怒り，武士ちゃんを叩いた。保育者が「どうしたの？」と尋ねると，正雄ちゃんは「ここ，正雄の」と言った。「そうか，じゃあ，武士ちゃんに『代わって』って聞いてみようか」と伝えた。正雄ちゃんが「代わって」と言うが，それに対して武士ちゃんは首を横に振っている。保育者は「武士ちゃんイヤだって。武士ちゃんが先に座っていたから仕方がないね。また今度，座ろうか」とほかの席を勧めたが，「イヤ！」と叫び，今度は武士ちゃんの座っている椅子をガタガタと揺らして，無理やり移動させようとした。

〈保育者の考察〉

「ここに座りたい」という正雄ちゃんの思いに対し，保育者は先に座っていた武士ちゃんの思いだけを受け止めて，正雄ちゃんにほかの席を勧めてしまった。正雄ちゃんは自分の思いを保育者に十分に受け止めてもらうことができなかったので，ここまでかたくなにこの席にこだわることになったのかもしれない。「正雄ちゃん，ここに座りたかったね」と，自我が芽生え，自分と他者が明確になり自己主張し始めた正雄ちゃんにひと言共感の言葉をかけ，「武士ちゃんもここがいいんだって，どうしよう」「武士ちゃん，代わってくれるといいね」など，正雄ちゃんの思いも一つ一つ言葉に変えながら十分に感情や思いを表出させ寄り添っていく。正雄ちゃんも「先生はぼくのこと分かってくれた」という満足感が持てるよう，お互いの思いを聞きながら丁寧に伝えていくことを大切にした援助をすることが必要だったのではと思った。

［事例２－②］「これ嫌い」葛藤の中で！

──2歳8カ月　9月──

　食事の時，正雄ちゃんは大好きなおかずだけを先に食べ，「これ嫌い」と野菜を残していたので，保育者が「正雄ちゃん，お野菜もちゃんと食べなさい」と声をかけ，となりのテーブルを片付けていた。その時，手づかみでいやいや食べだした正雄ちゃんを見て，「ほら，ちゃんとフォーク

で食べなきゃダメでしょ！」と注意した。すると，今度はフォークを床に
落として机にふせてしまった正雄ちゃん。ぐずぐずしている正雄ちゃんに
「フォーク拾って洗ってらっしゃい」と，小々怒りっぽく言ってしまった
保育者。正雄ちゃんはフォークを拾うどころか泣きだして，「先生嫌い！
大嫌い」「バカー」とますます大泣きをしてしまった。

〈保育者の考察〉

　「嫌いだけど，やっぱり……」とやっとの思いで，手づかみだけど野菜を
食べだした正雄ちゃんの気持ちをきちんと受け止めてあげられず，食後の慌
しさの中で保育者の「残さず食べさせたい」という願いだけを前面に出して
しまった。正雄ちゃんにしてみれば，「自分の気持ちが分かってもらえない」
葛藤の中で，どう自分の気持ちを伝えればよいのか戸惑い，抵抗した行動で意
思表示したのだと思う。

　自分の思いがしっかりしている正雄ちゃんの内面にもっと寄り添って，「野
菜嫌いなんだ」「がんばって食べるんだ。えらいね」と余裕を持って言葉をか
ければ，正雄ちゃんは「自分の気持ちが分かってもらえた」と思い，気持ちを
立て直して，きちんと食べることができたのではと反省する。自分の思い通り
にならない葛藤の中で，大人に共感してもらい，優しく見守ってもらって時間
をかけて，自分で気持ちを立て直し，少しずつ自信が持てるようになり，自立
に向かって歩んでいけるのだと思った。

［事例２−③］「先生，あのなぁー」分かってほしい私の思い
───── ２歳７カ月　８月 ─────

　美佳ちゃんが「先生，あのなぁ，正雄ちゃんと友ちゃんが……」と，今
にも泣きだしそうな顔で保育者に訴えにきた。少し離れた所では，正雄ちゃ
んと友子ちゃんが「ごめん」「ごめん」と，何度も言いながら美佳ちゃん
に謝っている。

　保育者が「どうしたの？」と問いかけ，美佳ちゃんの話を聞く。すると，

「あのなぁ，えっとなぁ，正雄ちゃんと友ちゃんが『イヤ』って。えっと……」と，ぽつりぽつりと話し始めた。正雄ちゃんと友子ちゃんが積み木で遊んでいるのを見た美佳ちゃんは，自分も一緒にやりたいと2人に伝えたが，「イヤ」と言われたということであった。「そうか，一緒にやりたかったんだね」「『イヤ』って言われて泣けてきたのね」と思いを受け止め，「でも，正雄ちゃんも友ちゃんも一生懸命『ごめん』って言ってるよ」と2人のほうを見ながら伝えた。すると，それから機嫌を直し，輪の中に入って3人で遊び始めた。

〈保育者の考察〉

　この場面で，保育者は必死に自分の思いを伝えようとしている美佳ちゃんを見て，まずは美佳ちゃんの話を聞き，その思いを受け止めようと考えた。次に，相づちを打ったり，言葉を補ったりしながら美佳ちゃんの思いに共感し，寄り添っていくようにした。そして，正雄ちゃんや友子ちゃんの謝っている思いにも気付いてほしいと願いながら，謝っている2人の姿を知らせていった。正雄ちゃんや友子ちゃんが謝っていることや保育者に自分の思いを分かってもらえたと感じた美佳ちゃんは，その後2人と一緒に積み木を楽しんでいた。子どもが自分の思いを少しずつ言葉にして伝えようとする姿をゆったりと見守り，その思いを繰り返し言葉にして共感していくことで，子ども自身が「先生に分かってもらえた」と感じられるよう援助することが大切である。さらに，「イヤ」と言った正雄ちゃんや友子ちゃんの思いも汲み取り，「今は2人で遊びたかった」など，美佳ちゃんと同じように2人にもそれぞれの思いがあることに気付けるよう，保育者が仲立ちすることを通して知らせていけるとよかったのかもしれないと思った。このような経験を積みながら徐々に，相手の思いにも気付けていけるようになってほしいと願う。

4　友達との関わり

［事例３－①］　ごっこあそび

　　２歳９カ月　10月

　「おおかみさん」の歌に合わせて，保育者と一緒に簡単なごっこ遊びを楽しんでいる。

　そこで，保育者が今までの「ごっこ遊び」を少し変化させてみた。

　おおかみ役の保育者が「お前たちを食べにいくぞ～！」と追いかけ，はじめに武士ちゃんが捕まってしまった。そこで，保育者は，「みんなに『助けて！』と言ってごらん」と武士ちゃんに働きかけた。武士ちゃんの「助けて！」の言葉を聞いた正雄ちゃんは，「助けにきたよ！」と武士ちゃんのもとへ行き，おおかみから引き離すように必死で助ける真似をした。再び追いかけっこが始まり，今度は美佳ちゃんがおおかみに捕まった。すると，それに気付いた武士ちゃんが，すかさず美佳ちゃんのもとへかけよって行き，一生懸命に美佳ちゃんをおおかみから引き離そうとしている。無事におおかみから助けることができると，武士ちゃんは満足そうな顔をして次々と遊びを展開して楽しんだ。

〈保育者の考察〉

　これまでの遊びでは，おおかみとのやり取りの中で，いつ「食べにいくぞ～！」と言いだすのか，ドキドキ感やハラハラ感を楽しんだり，追いかけっこを楽しんだりしていた。今回はおおかみに捕まったら，「もう１回」という流れから保育者が「助けにいく」という新たな方法を示した。助けようとする正雄ちゃんの姿や助けられることを通して様々なことを感じた武士ちゃんの思いが，今度は自分自身が保育者の模倣をして友達を助けようとする姿につながったように思う。このようにして，保育者が仲立ちをしながら，自分もやってみたいと思い，友達と一緒に遊ぶ楽しさを知り，子ども同士の関わりに広がりが見られるようになっていくのだと考える。

［事例3-②］ 真似っこ大好き
　　3歳　2月

　正雄ちゃんと武士ちゃんが「キャッ！　キャッ！」と言って追いかけっこを楽しんでいる。それを見ていた美佳ちゃんがニッコリと笑い，一緒に走りだした。ひとしきり走って遊んだ後，今度は正雄ちゃんがコロンところがると，武士ちゃん，美佳ちゃんも同じように真似をしてころがって笑っている。正雄ちゃんと武士ちゃんが手をつなぎ歩きだすと，美佳ちゃんも手をさしだし3人が手をつなぎ歩いて楽しんでいる。とても楽しそうに歩いている姿から，以前から親しんでいる「さんぽ」のCDをかけた。保育者も一緒に手をつないでリズムに合わせて歩くと，まわりにいた子どもたちも一緒に手をつなぎ歩きだし，みんなで「さんぽ」を楽しんだ。

〈保育者の考察〉

　この時期の子どもたちは，何でも模倣しようとする姿が見られる。正雄ちゃんと武士ちゃんの楽しそうな雰囲気に誘われて，何も言葉がなくても自然に仲間に入り，同じようにして一緒に楽しんでいる。手をつなぐ行為は相手を受け入れていなければできないことで，友達関係の芽生えの第一歩であると思う。

CDをかけて保育者も一緒に楽しむことで，まわりにいた子どもたちも手をつなぎ，楽しい輪が大きくなっていった。「保育者や友達と遊ぶのが楽しい」という経験をたくさん積んで，友達と一緒にいることの喜びを味わってほしいと思う。

5章　保育の中で育つ人と関わる力Ⅰ　　151

5節　月週案の例

　月・週案は，どのようなねらいで保育を展開するか，具体的に保育内容を見通して立案する。立案する時は，前の月・週の子どもの姿や保育内容を振り返り，次の月・週の立案につなげて，見通しを立てて作成する。また指導計画との整合性も考慮して作成する。一人一人の発達に個人差が大きいこの年齢では，クラス全体としての保育の展開と個別にきめ細やかな援助や配慮を立案し，発達を促していく。ここでは，参考までに5月の例を示した。

1　0歳児クラス月週案（5月第2週）

ねらい	・生理的な欲求が満たされ，ゆったりと安心して過ごせるようにする ・抱かれたり，あやしてもらいながら，担当保育者との関わりを楽しむ	健康・安全	・連休明けのため，疲れが出やすいので一人一人の体温や顔色，便性など特に健康状態を把握し，少しずつ生活のリズムを整える ・室温や風通しに注意し，心地よく過ごせるようにする
内容	・静かな環境で安心して眠る ・授乳や離乳食はゆったりと落ちついた雰囲気の中で飲んだり，食べたりする ・体調に配慮し，天候のよい日はテラスや戸外に出て外気に触れる ・保育者に関わってもらい，清潔な玩具を眺めたり，触ったりして遊ぶ ・泣きに応えてもらい，保育者と一緒に心地よく過ごす	環境	・睡眠，目覚めている（遊び），授乳（食事）の空間の配置を考える ・わらべ歌や，触れ合い遊びをして心地よくゆったりと過ごせる雰囲気にする ・衛生面や安全面に配慮し，見たり聞いたりしゃぶったりして楽しめる玩具を準備する
		職員連携	・一人一人の健康状態や発達について，家庭からの連絡を伝え合い，共通理解が持てるようにする ・安心して過ごせるように，日課の流れや，保育者の関わりについて話し合う

	子どもの姿	援助や配慮	家庭との連携
正雄 3カ月	・1日のほとんどをベッドで過ごす ・眠い時や，空腹の時など泣いて訴える ・抱いてもらうと泣き止むが，ベッドに寝かせるとすぐに泣きだす ・機嫌がよいと，「ウォーウォー」と喃語を発する	・安心して過ごせるよう静かで落ち着いた雰囲気にする ・保育者の目が届くところにベッドを置き，眠っている時の呼吸や姿勢の変化を観察できるようにする ・泣いている理由を考え，できるだけ心地よくなるように特定の保育者が対応する ・しっかりと目を合わせ，喃語に応え優しく語りかける	・連休中の家庭での過ごし方や体調について聞き，生活リズムを戻していくことを話し合う ・皮膚が柔らかく，傷がつきやすいので爪をきってケアしてもらう ・言葉をかけると声をたてて喜ぶ姿が見られることを伝え，共感できるようにする
友子 5カ月	・担当保育者の顔が分かり，見つめながら，ミルク180ccを15分ほどで，飲み干す	・舌を前後に動かしたり，よだれの量が増してきたりしたら保護者と相談し，液体状の物をスプーンで与えてみる	・体調を見ながら，離乳食の開始時期について話し合う ・首も安定し手足をしきりに動かして遊ぶので，活動しやす

友子 5カ月	・首が据わり，うつぶせにするとしばらく腹這いの姿勢でいることができる ・名前を呼んだり，玩具を見せると，音がしたほうを見たり，手を出してつかもうとしたりする	・仰向けで寝ている時に両手を持って静かに引き起こしたり，体に手を添えて寝返りを促したりしていく ・音の出る玩具を用意したり，「いないいないばあ」などの触れ合い遊びをして関わりを楽しめるようにする	く調節しやすい衣服を準備してもらう
武士 8カ月	・少しずつ食材を飲み込めるようになり，離乳食も1日2回食べるがミルクも欲しがる ・人見知りが始まり，担当保育者に抱っこを求める。抱かれると安心して寝ていく ・お気に入りの玩具や，這い這いで保育者や友達のところに行って遊んでいる	・いろんな食品の味を知り，もぐもぐと口を動かして食べるように促し，乳歯が生えてきたので，ガーゼで拭くようにする ・担当保育者を求めることが多いので，できるだけ甘えに応え安心できるようにする ・自分から声を出して欲求するので，丁寧に言葉をかけ，保育者や他の子どもと這い這いなどをして遊ぶ楽しさを知らせる	・授乳や離乳食の進め方について，保護者の思いを受け止め，話し合う ・歯の掃除の仕方を知らせる ・不安になると後追い行動が現れるので，離れる時は，声がけしていることを伝える ・歩行前に這い這いの重要性を知らせる
美佳 10カ月	・こぼしながらも自分からスプーンや手づかみで食べようとする ・喃語が盛んになり，マンマ・ワンワンなどの初語が開かれる ・友達に関心があり，真似たり触れ合ったりする ・伝え歩きや高這いで自由に移動し，いろんな玩具で遊びを楽しんでいる	・自分で食べようとする意欲を大切にしながら，食べやすい大きさや形などに配慮する ・初語に優しく応え，膝の上に座らせて，好きな絵本を読んだりする ・友達と一緒に模倣したり，触れ合ったりして楽しめるように保育者が媒介になり手遊びや歌を楽しめるようにする ・安全に注意し，体を使って遊べるような遊具や段差・斜面を作り，遊びが楽しめるようにする	・無理強いするのでなく，進んで食べることや楽しむことを大切にすることを共有する ・言葉が出てきたことを喜び合い，好きな絵本や手遊びなどを伝えて，家でも一緒に楽しんでもらう

2 1歳児クラス月週案（5月第2週）

ねらい	・保育者に気持ちを受け止めてもらい，安心して過ごす ・身近な物に関心を示し，好きな遊びを保育者と一緒に楽しむ	健康・安全	・連休明けで疲れがたまっている子どももいるので，健康状態を観察しゆったりと過ごすようにする ・食事の前や戸外遊びの後，手洗いや衛生に注意する
内容	・睡眠・食事・遊びなど生活の流れが分かり保育者の声がけで行動する ・自分の気持ちを安心して表出する ・「おはよう」「いただきます」などの挨拶をする ・戸外に出て，砂や草花に触れたり歩行をしたりして楽しむ ・保育者と一緒に歌を歌ったり体を動かしたりして遊びを楽しむ	環境	・連休明けで，登園時に泣く子どももいるので抱っこやおんぶをしたり，好きな遊びをしたりして安心できるようにする ・興味のある物や好きな玩具（自動車・型はめ・積み木・絵本）など子どもが選べるような場所に設定する ・子どもの好きな歌やCDを用意したり，砂場の玩具を用意したりする

		職員連携	・一人一人の発達や健康状態について話し合い，保育者間で一貫性のある関わりができるようにする ・子どもの様子がしっかり見られるよう役割分担し，保育者間で声がけをする
	・好きな玩具で集中して遊ぶ		

	子どもの姿	援助や配慮	家庭との連携
正雄 1歳3カ月	・登園時，母親と別れる時泣くことがある ・歩行が完成し，自分で移動することを楽しんでいる ・生活の流れが分かり，促されるとテーブルに着く。また，食事の途中で眠くなることがある ・担当保育者がいると積み木や自動車でよく遊ぶ	・不安な気持ちを受け止めながら，担当保育者が「おはよう」と優しく声がけし，遊びに気持ちが向くようにする ・まだまだ，歩行が不安定なので危険のないよう見守る ・活動の前には，行為を丁寧に言葉にして関わるようにする ・眠った時は口の中に食べ物がないか確認する ・好きな遊びが安心して楽しめるように温かく見守る	・保護者が安心できるよう登園後の様子を詳しく伝える ・戸外遊び用に足に合った靴や帽子を準備してもらう ・睡眠や食事など生活リズムについて家庭と協力し合う
友子 1歳5カ月	・甘えて抱っこを求めることがあるが，戸外では草花を摘んだり，砂で遊んだりと機嫌よく過ごす ・スプーンやフォークを使って食べようとする ・ミルクの空き缶に，入れたり出したりして繰り返し遊んでいる	・甘えを十分に受け止め，保育者とスキンシップをとって安心して過ごせるようにする ・手洗いや着替えなど清潔に注意する ・自分でしようとする気持ちを受け止め，手を添える ・指先を使った遊びが集中して楽しめるような空間を準備する	・連休明けで，疲れが出やすいので子どもの様子や体調について密に連絡し合う ・時間にゆとりを持って，自分でやりたい気持ちを大切にしていくことを伝える
武士 1歳8カ月	・食欲旺盛で，何でも食べるが途中で立ち歩く ・歩行が安定し，いろんなところに移動していく ・友達のしていることに関心があり，そばに行きトラブルになることがある ・排尿間隔が長くなって，タイミングが合えばオマルで排尿する	・「おいしいね」と言葉をかけながら，保育者がそばで落ち着いてしっかり噛んで食べるように促す ・興味関心が広まってきているので，安全面に注意しながら探索活動が十分楽しめるようにする ・子どもの思いや気持ちを言葉にして共感し丁寧に関わる ・オマルで排尿できたらほめる	・家庭での食事の様子について尋ねる ・戸外に出る機会が多くなり，衣服が汚れるので着替えを準備してもらう ・友達への関心が高まり，トラブルことがあるので，行為の理由や気持ちを大切にした関わりを伝える
美佳 1歳10カ月	・喜んで登園し，「おはよう」「バイバイ」ができる ・好き嫌いが出てきて，好きなものしか食べず食が進みにくい ・促されると，嫌がらずに便器に座る ・絵本を見たり，歌や音楽が好きで保育者の模倣をして楽しんでいる	・毎日繰り返し挨拶を交わしながら，他の子どもたちとの関わりが持てるようにする ・嫌いなものは無理強いせず，保育者が一緒に食べて楽しい雰囲気の中で食べるようにする ・声をかけると自分から進んでトイレに行けるようにする ・手遊びは，ゆっくりしたテンポで，保育者と一緒に楽しめるようにする	・語彙数が増して，ずいぶんはっきりと話せるようになり，成長を喜び合う ・家庭での食事やトイレの様子について尋ね，園での様子も伝えて同じように進めていく ・好きな歌や絵本を知らせ，家庭でも楽しめるように共有する

3 2歳児クラス月週案（5月第2週）

ねらい	・生活の流れが分かり，声がけで身のまわりのことを自分でやろうとする ・保育者に気持ちを受け止めてもらい，自己発揮できるようにする ・戸外で好きな遊びを見つけ，保育者や友達に関わりながら一緒に遊ぶ	健康・安全	・連休明けで，生活のリズムが乱れ不安定になる子どももいるので，子どもの気持ちに寄り添いながら，安心できるようにする ・活動量が増し，汗や戸外遊びで汚れたら着替え清潔に気を付けて健康に過ごす
内容	・保育者に見守られて，友達と一緒に座って食事前後の挨拶をし，楽しく食事をする ・生活のリズムを整え，音楽を聴きながらゆったりとした気持ちで眠りにつく ・汗や戸外遊びで衣服が汚れたら，声をかけてもらい自分で着替えようとする ・固定遊具で遊んだり，築山を登り降りしたり，散歩に出かけ虫や草花など自然に触れて遊ぶ ・好きな遊びを選んだり，友達の遊びに興味を示めす ・してほしいことやしたいことなど，言葉で伝えようとする ・季節の歌や親しみやすい手遊び・リズムを友達と一緒に楽しむ	環境	・座る場所が分かりやすいように椅子にシールを貼り，一人一人の食べる分量に配慮し，自分から進んで食べる気持ちになるようにする ・静かなCDを準備し，保育者がそばにつくことで安心できるようにする ・落ちついて遊べる場所や好きな玩具（パズルや紐通し，絵本や積み木，ままごとなど），季節の歌（こいのぼり・かえる）や親しみやすいリズム遊び（ツバメになって・散歩）を用意し，様々な体験ができるようにする ・天候のよい日は，戸外での遊ぶ時間を作り，遊具や用具が安全に使用できるようにする。また草花や虫のいるところも把握しておく
		職員連携	・連休明けの体調の変化について丁寧に連絡し合う ・排泄や食事の個人差について，配慮点や対応を話し合う ・子どもの様子を伝え合い，遊びの環境について相談する

	子どもの姿	援助や配慮	家庭との連携
正雄 2歳3カ月	・友達の様子を見て，同じようにやりたいがうまくできず，かんしゃくを起こすことがある ・戸外で遊ぶのが好きで，テントウムシやダンゴムシを見つけて保育者に見せに来る	・自分でやりたい気持ちを受け止め時間にゆとりを持って，励ましたり見守ったりして，できた時は一緒に喜ぶようにする ・好きなことに夢中になっている時は温かく見守り，子どもの発見に耳を傾けて一緒に楽しむようにする ・体を動かした後の手洗いや水分補給，休息に配慮する	・自分でできた満足感が味わえるように，着脱しやすい衣服を準備してもらう ・戸外遊びや虫が大好きな様子を伝え，遊びの関心が広まってきた喜びを伝え合う。また安全面や衛生面への配慮についても話す
友子 2歳5カ月	・午睡の時間になると，なかなか入眠できず甘えて保育者を求めてくる ・絵本を見たりごっこ遊びが好きで，保育者と一緒に楽しんでいる ・尿意を感じると自分からトイレに行って排泄する	・スキンシップをとったり，そばについたりして落ちついて安眠できるようにする ・砂場で一緒に団子やカップケーキを作り，食べる真似をしたり言葉のやり取りをして楽しめるようにする ・成功した時は十分にほめて，自信につながるようにする	・家庭での睡眠時の様子を聞き，情報共有する ・園での好きな遊びの様子を伝え，安心してもらう ・排尿は自分からの訴えを待つようにしてもらう

武士 2歳8カ月	・遊びに夢中になり，排泄の失敗をする時がある ・自分のしたいことや思いを片言で伝えようとする ・戸外で体を使って遊ぶのが好きで，大きいクラスの模倣をしたりして楽しんでいるが順番が守れないことがある	・早めに声がけし，失敗した時は，優しく言葉をかけ，着替える ・しっかりと思いを聞きながら，気持ちを言葉にして安心できるように関わる ・トンネルや築山など十分に活動できるような遊びを準備し，保育者が一緒に遊びながらルールも知らせていく	・着脱しやすい着替えを準備してもらう ・失敗したことより，うまく排尿した時にほめるようにして一緒に進めていく ・片言で伝えたい気持ちを受け止めるような関わりを知らせていく
美佳 2歳10カ月	・食事もほぼ，一人で食べるが時間がかかる ・友達と関わって一緒に遊びたい思いが強く，うまく関われないと保育者に助けを求めてくる ・歌やリズム遊びが好きで，保育者の模倣を楽しんでいる	・自分で食べる意欲を認め焦らせないようにし，散歩で摘んだ草花などを飾り，楽しい雰囲気を作る ・その都度，どうしたいのか丁寧に聞きながら，まわりの子どもたちの思いも代弁し，一緒に遊べるようにする ・好きな曲やリズム遊びを準備しておき，保育者も一緒になって楽しみ，真似ながら思い切り表現できるようにする	・ゆっくりだが自分での気持ちを大切にしていることを伝え，家庭でも協力してもらう ・友達との関わりが楽しめるように成長してきたことを喜び合う ・歌やリズムの曲を知らせ，家庭でも一緒に楽しんでもらう

引用・参考文献

今井和子　0・1・2歳児の心の育ちと保育　小学館　1998

今井和子監修　育ちの理解と指導計画　小学館　2014

厚生労働省編　保育所保育指針解説書　フレーベル館　2008

厚生労働省　保育所保育指針　フレーベル館　2017

汐見稔幸・小西行郎・榊原洋一編　乳児保育の基本　フレーベル館　2007

内閣府・文部科学省・厚生労働省　幼保連携型認定こども園教育・保育要領　フレーベル館　2017

保育総合研究会監修著　新保育所保育指針サポートブック──保育課程から指導計画作成まで　世界文化社　2008

三重県保育協議会　保育課程・指導計画作成の手引き　2009

無藤隆・汐見稔幸・砂上史子　ここがポイント！　3法令ガイドブック　フレーベル館　2017

6章　保育の中で育つ人と関わる力 Ⅱ

1節　3歳児の保育

1　3歳児の年間指導計画

以下に3歳児の年間指導計画を示す。

期	月	ねらい		願う子どもの姿		
Ⅰ期	4月・5月	・新しい環境に慣れて安心して過ごす		・保育者と関わって安心して過ごそうとする ・園生活のリズムに慣れ，身のまわりのことを少しずつしようとする ・園の遊具やおもちゃに興味を持ち，いろいろな遊びの楽しさを味わおうとする		
		指導内容の視点				
		健康	人間関係	環境	言葉	表現
		・食事，排泄，手洗い，うがいなど生活の仕方を知り，保育者に手伝ってもらいながらも自分ですることができる ・遊具や用具の安全な遊び方や使い方を知り，危険な遊びに気付くことができる	・保育者に親しみ，安心感を持って生活することができる ・自分のクラスが分かり，保育者や友達に慣れることができる	・自分の物と友達の物との区別をすることができる ・片付ける場所が分かり，簡単な身のまわりの始末をすることができる	・挨拶や返事など生活に必要な言葉を知り，使うことができる ・保育者の話や指示を聞くことができる	・知っている歌を歌ったり，手遊びなどをしたりして楽しむことができる ・絵本や紙芝居を見たり聞いたりして，楽しむことができる
		環境構成		家庭との連携		
		・靴箱，ロッカーなどにマークを付け，食事，排泄，持ち物の整理などは，繰り返し覚えられるようにする ・室内の遊び場は，家庭にあるようなおもちゃ，遊具，絵本を用意し，安心して好きな遊びができる雰囲気づくりをする ・一人一人を温かく迎え，保育者と親しみが持てるようにスキンシップを多く持ったり，声をかけたりして緊張を和らげていくようにする		・初めて集団生活に入れる保護者の思いや気持ちを理解して，子育ての大切さや喜びなどに共感しながら，信頼関係を築いていく ・保護者が安心できるよう，登降園時に話し合う機会を持ったり連絡帳で伝え合ったり，クラスたよりを発行するなどしていく		

6章　保育の中で育つ人と関わる力 Ⅱ　157

期	月	ねらい	願う子どもの姿
Ⅱ期	6月・7月・8月	・自分の好きな遊びを十分に楽しむ	・落ち着いた気持ちで，新しい活動に自分から取り組もうとする ・生活の仕方が分かり，必要な習慣を身に付けようとする ・いろいろな物を見たり，触れたりして，面白さ，美しさなどに気付き，模倣したりしようとする

	指導内容の視点				
	健康	人間関係	環境	言葉	表現
	・遊びの中で体を動かし，思いっきり楽しむことができる ・楽しい雰囲気の中で，様々な食べ物を食べることができる	・友達のことを見たり真似たりして，遊ぶことができる ・保育者の手伝いや，簡単な当番活動をすることができる	・身近な動植物を見たり，触れたりして親しみを持つことができる ・園内外の行事に，楽しんで参加することができる	・してほしいこと，困ったことを言葉や動作で相手に伝えることができる ・興味を持つ言葉を，面白がって聞いたり，言ったりすることができる	・様々な素材や用具を使って，描いたり作ったりすることができる ・身のまわりの様々な物の音，色，形，手触り，動きなどに気付くことができる

環境構成	家庭との連携
・自分から関わろうとする気持ちを大切にしながら遊具やおもちゃを準備し，要求が満たされるような環境や場を整えていく ・生活習慣は一人一人の自分でやろうとする気持ちを大切にしながら，適切な援助をしていくようにする ・おもちゃの取り合いなど，友達とのトラブルを通して互いの気持ちを受け止めていけるよう仲立ちしていく	・子ども自身の力で努力していることを伝え，家庭でも自分でしようとすることに対してほめてもらったり，励ましてもらったりして，見守ってもらうようにしていく ・子ども同士のトラブルも出てくるため，保護者が十分理解し，安心できるよう，園での姿など具体的に伝えたり，話し合う機会を持つようにしたりしていく

期	月	ねらい	願う子どもの姿
Ⅲ期	9月・10月・11月・12月	・友達と一緒に遊ぶ楽しさを味わいながら，自分なりの表現をする	・自分のしたい遊びに没頭したり，友達の遊びに入ろうとしたりする ・身のまわりのことを自分でやってみようとする ・全身を動かす遊びや，友達と触れ合う遊びに興味関心を持とうとする

	指導内容の視点				
	健康	人間関係	環境	言葉	表現
	・汚れた服を着替える，手を洗うなど，自分ですることができる	・簡単な約束やきまりを守りながら，ゲームやごっこなど友達と一緒に遊ぶことができる	・自然物を使って遊んだり，作ったりして楽しむことができる	・好きな絵本や紙芝居，童話など，内容が分かりイメージを持って聞くことができる	・身近な素材や用具を使い，好きなように描いたり作ったりして遊ぶことができる

III期	9月・10月・11月・12月	・いろいろな運動用具や遊具の扱い方を知り，全身を使って遊ぶ楽しさを味わうことができる	・行事を通して異年齢児や地域の人々と触れ合い，いろいろな遊びを楽しむことができる	・生活や遊びに使う物の色，数，量，形などに興味を持ち，違いに気付くことができる	・いろいろな場面で，なぜ，どうしてなどの質問をすることができる	・音楽に合わせて体をリズミカルに動かしたり，簡単な身体表現をしたりすることができる

環境構成	家庭との連携
・運動遊びに使う道具は，一人一人の興味に合わせて自由に使えるように幅広く用意する ・生活のリズムがくずれたり，活動が偏ったりしないように留意し，無理なく参加できるようにする ・自然の変化に保育者自身が敏感になり，感動したり，子どもの発見に共感したりして，自然に親しむ機会を多く持つようにする	・いろいろな行事を通して，自分の子どもだけを見るのではなく，友達や異年齢の子どもたちの様子もよく見て，3歳児の成長を理解してもらう ・寒さに向かっての健康管理（衣服の調節，うがい，生活のリズムをくずさない）の方法と必要性を伝える

期	月	ねらい	願う子どもの姿
IV期	1月・2月・3月	・のびのびと生活を楽しみ，いろいろな活動に意欲的に取り組む	・気に入った友達ができ，一緒に遊ぼうとする ・自分でできることは，自分なりに進めていこうとする ・経験したこと，感じたこと，思ったことをいろいろな方法で自由に表現しようとする

指導内容の視点

健康	人間関係	環境	言葉	表現
・自分から進んで，身のまわりの始末や片付けなどをすることができる ・寒くても元気に戸外で全身を使った遊びを楽しむことができる	・友達が泣いたり困ったりしていることに気付き，なぐさめたり，保育者に伝えたりして助けようとすることができる ・異年齢児と一緒に遊んだり，真似をしたりして楽しむことができる	・雪，氷，霜柱などの冬の自然に触れ，驚いたり親しみを持ったりすることができる ・伝承行事に興味を持ち，見たり，楽しんだりすることができる	・悲しいこと，嬉しいこと，考えたことを言葉に出して言うことができる ・ごっこ遊びの中で，いろいろな言葉を使ってやり取りを楽しむことができる	・絵本や童話などに親しみ，興味を持ったことを表現することができる ・いろいろな曲を聴いたり，友達と一緒に歌ったりすることができる

環境構成	家庭との連携
・快適な室温，換気，湿度に留意し，健康で安全な環境を作る ・ごっこ遊びや制作など，意欲的に取り組みたくなるような場や空間づくりを心がける ・異年齢児との関わりが楽しくなるように保育者が適切に仲立ちをし，環境を工夫する	・子どもの成長の姿を具体的に保護者に知らせ，子どもと共に成長を喜び合う ・基本的な習慣や態度を見直したり，年中組になる期待を話し合ったりして，充実して過ごせるように協力してもらう

2 保育者と一緒にいろいろな場所や遊びに興味関心を持つ

a 事例：「おーい！おーい！」

5月11日

　幼稚園のまわりをぐるっと囲んでそびえ立っているどんぐり山。入園して1カ月が過ぎてもまだエンジンがかからない卓也（①）にとって，まずどんぐり山に行くことが日課になっていた。卓也と邦弘が登園してきた。卓也は登園するやいなや，「どんぐり山へ行こうよ」と保育者を誘った（②）。保育者は卓也の誘いにうなずくと，邦弘にも「一緒に行こう」と誘い（③），園庭に出た。園庭には，愛，浩二，唯がおり，「どこ行くの？」と保育者に尋ねた。保育者が「どんぐり山だよ」と応えると（④），「行く！行く！」「私も〜」と，どんぐり山に行きたい子どもは大勢になった。一列になって坂を登っていく。卓也や唯はどんどん1人で登っていった。砂場で遊んでいた弘もみんなが登っているので，スコップを放ってついてきた（⑤）。邦弘や愛は足取りもおぼつかないようで保育者の手にしっかりとつかまっていた（⑥）。卓也や唯は坂を登りきると，平らなところを一気に駆け出した。今まで緊張していた気持ちが頂上に着いたことでほっとして解き放たれた感じだった。保育者も邦弘や愛と手をつなぎながら走った。すると浩二がフェンスに足をかけながら，「優子先生が何か拾ってるよ」と叫んだ。すると卓也や唯もフェンスにつかまって口々に眼下に見たことを言い出した。「園長先生が部屋に入ってたよ！」「あ〜，孝雄くん，はだかんぼだよー」「大きい組さんが，にわとり抱っこしてる」などと大きな声で言った。そして，下にいる優子先生や園長先生，ひまわり組の子らに向かって，「おーい！　おーい！」「ヤッホー」と叫び始めた（⑦）。

b 保育者の考察

　卓也は，少し幼稚園に慣れてきて，どんぐり山に登ることでエンジンがかけられるようになってきた。どんぐり山は，違う種類のどんぐりの木が3種類あって，その違いを探したり，坂道を上ったり下ったりするだけでも楽しい。また，

子どもたちにとって何より魅力なのが，視界が高くなって，いつも見ている景色とは違った風景が見られることだ。卓也に限らず，保育者や友達に少しなじんできた他の子どもたちも，どんぐり山の上から声をかけて，下で手を振って応えてくれる経験をさせることができたのはよかったと思う。もっといろいろやってみたいが，まだ子どもたちだけでは出かけられない状況である。少しずつでもいいから，子どものやりたいことが実現できるようにしていきたい。

　c　読み取り

①入園から１カ月経っても，園生活になじめていない卓也の姿から，新入園児が新しい環境に慣れるには，時間を要する様子がうかがえる。

②登園後，すぐに保育者をどんぐり山に誘っている卓也の姿から，卓也の支えが保育者とどんぐり山に向けられている様子がうかがえる。

③④卓也以外の子どもたちとも交流している保育者の姿から，保育者が卓也だけを相手にしているのではなく，園全体の子どもを視野に入れて関わっている様子がうかがえる。

⑤友達の後を追う弘の姿から，弘が友達の存在に興味を示している様子がうかがえる。

⑥卓也や唯のペースについていけず，本当は苦しいが，保育者に握られた手をしっかりと握りしめている邦弘，愛の姿から，邦弘たちが保育者に支えられながら気持ちの安定化を図っている様子がうかがえる。

⑦見たこと，思ったことを口々に言葉で表現している子どもたちの姿から，彼らが新しい環境に関心を持ち，周囲との関わりを広げようとしている様子がうかがえる。

　d　まとめ

　集団生活が初めての子どもにとって園生活は不安以外の何ものでもない。だからこそ，保育者が子どもの気持ちをしっかりと受け止め，子どもの理解者になっていくことが，この時期，とても大切になる。また，友達同士のつながりが皆無に等しい時期だからこそ，物的な環境にも配慮して，遊びの中で子ども同士の関係づくりを図っていかなければならない。

6章　保育の中で育つ人と関わる力 Ⅱ　　161

　この事例では，登園後モチベーションのあがらない卓也や，邦弘，愛といっ
た周囲の子どもたちにも保育者が丁寧に対応し，それぞれの子どもの情緒を安
定させながら，子ども同士が関係を持てる場を意図的に設けることができてい
る。中でも，どんぐり山の坂を上る場面では，ハードな動きがまだ慣れていな
いであろう邦弘や愛が途中で挫折してしまわぬよう，一場面ごとに保育者が手
を握ったり，歩く速度を換えたりして2人を山頂まで導き，坂を上り切ったと
ころで手を離し，2人に達成感や開放感を感じさせることができている。

　こうしてみると，入園間もない子どもたちにとって友達の存在はさほど重要
ではなく，保育者の存在がとても大きな役割を担っていることが分かる。この
ように，入園間もない3歳児期の子どもには，保育者の応答的な関わりやスキ
ンシップを大切にした援助をベースとして，居合わせた場所や人に心地よさを
感じさせていく体験を積ませていくことが大切なのである。

3　保育者に自分の思いを言葉や表現で伝えようとする

a　事例：「ぼくはウルトラマン」

──7月3日──

　慎吾が登園を渋るようになってきた（①）。自分の思うように遊べなかっ
たりで，疲れも出てきたのかと思う。この日もスクールバスに乗って登園
するのを嫌がり，母親が園まで送ってきた。別れ際，母親と「さよならし
たくない」と泣いていた（②）が，気持ちが切り替われば元気よく遊べる
ので，「ママとパッチンしたらバイバイね」と慎吾を受け取った。母親は
後ろも見ずに帰った。しかし，この日の慎吾はなかなか泣き止むことがで
きない（③）。保育者のまわりには慎吾だけでなく，泣いてはいないが今
にも泣きだしそうな子どもが数人いた（④）。その子どもたちを保育者は「え
らいねぇ」とほめながら（⑤），ハンカチを取り出して泣いている慎吾の
涙を拭いた。すると，次々に，その子どもたちもハンカチを取り出して慎
吾の涙を拭きだした（⑥）。「みんな優しいねぇ。慎吾くん，嬉しいねぇ（⑦）」
とまわりの子どもの気持ちを認めようと保育者が声をかけた。偶然，その

ハンカチの中の1枚に白雪姫と7人の小人が描いてあった。「いっぱいの小人さんがついているね（⑧）」と保育者が言うと、亜矢子が「シナモン」と自分のハンカチについていた絵を見せた。すると、真美も自分のハンカチを取り出し、「マンゴーちゃん」と言った。「へぇ、先生知らなかったな（⑨）」と言うと、みんなが笑った。しばらくすると慎吾がごそごそ動き出し、自分のハンカチを出して、「ぼくはウルトラマン」と言った。「どれどれ見せて（⑩）」と、保育者が言うと、みんなものぞきこんだ。真美が「ウルトラマンいっぱいだ」と言うと、慎吾がにこっと笑った。まわりの子どもたちの優しさとウルトラマンのハンカチで、慎吾の気持ちは切り替わった。

b　保育者の考察

　自分の不安が、慎吾の涙を拭くことで消えていった子どもたち。ハンカチで涙を拭いてもらうことで、友達の優しさを受け取りながら、気持ちを切り替えていった慎吾。自分のハンカチを友達が見てくれたことも嬉しかったと思う。友達が集まって、そこにいろいろなキャラクターが集まって、話が弾んだことが慎吾やまわりの子どもたちの不安を消したようだ。これをバネに、友達の優しさ、温かさを感じながら、自分で一歩を踏み出せるよう、友達と関わる場所を増やしたり、真似し合って遊ぼうとする姿をゆっくりと見守っていきたい。また、中には「あの子と遊びたい」と思っていても言いだせない子もいるので、保育者が仲介して遊ぶ機会を作っていきたい。

c　読み取り

①②③登園を嫌がり、泣き顔を見せるようになった慎吾の姿から、慎吾が入園3カ月目にして、ようやく自分の気持ちを園でも表せるようになってきた様子がうかがえる。

④本当は泣きたいけれども泣くのを我慢している女児たちの姿から、女児たちが慎吾の泣いている姿を見て、自分の気持ちと慎吾の気持ちを重ねる一方、いつもの自分とは異なる感情を抱いている様子がうかがえる。

⑤泣くのを我慢している女児たちに「えらいね」と声をかけている保育者の姿
　から，保育者が女児たちの気持ち（母親がいなくてさみしい）を受け入れる
　と共に，自分たちの気持ちを調整している姿に対して，寄り添おう（先生が
　いるから大丈夫だよ）としている様子がうかがえる。

⑥保育者の真似をして慎吾の涙を拭こうとする女児たちの姿から，女児たちが
　保育者と自分たちの気持ちを重ね合わせて，慎吾の母親代わりを楽しんでい
　る様子がうかがえる。

⑦「みんな優しいねぇ。慎吾くん，嬉しいねぇ」と女児らの行為をほめている
　保育者の姿から，保育者が慎吾に女児たちの気持ちを代弁して伝え，友達の
　存在や友達のよさを伝えようとしている様子がうかがえる。

⑧⑨⑩ハンカチの絵を通して慎吾と女児の言葉をつないでいる保育者の姿から，
　保育者が慎吾や女児たちに関わりを持たせようとしている様子がうかがえる。

d　まとめ

　新入園児が登園を渋る時期は必ずしも４月当初だけとは限らない。４月５月
が平気であっても，突然登園を渋ることがあることをこの事例は物語っている。
入園当初，多くの子どもは不安や戸惑いに覆われており，そこに自分と同じ状
況の子どもが大勢いることに，さらに不安を覚えて泣くことが多い。よって，
最初は泣かずにいた子どもが，しばらくしてまわりが落ち着いてきた頃に泣き
だすといった姿は，同じ体験の共有がなされたことであり，保育者にとっては
むしろ，ありがたい姿なのである。このように考えると，子どもにとって安心
して自分の気持ちを表出できる相手や環境が用意されていることは，人間関係
の育ちに大きな影響を与えることになる。

　今回の事例では，入園３カ月目にしてようやく自分を出せるようになった慎
吾だが，それとは反対に，これまで泣いていた女児たちが慎吾の姿を見て，自
分たちのペースを崩し，逆の立場に立って慎吾を見ているところが面白い。女
児たちからしてみれば，慎吾の今の状況は自分たちも経験してきたことであり，
慎吾のさみしい気持ちは手にとるように理解できたであろう。しかし，その
一方で，そうしたさみしい経験をしてきた中で，いつもそばには保育者がいて，

自分たちを支えてくれていたという，体験の共有が慎吾の涙をハンカチで拭うといった行為に現れたのではないだろうか。

保育者にとって，子どもの泣くという姿はあまり喜ばれるものではないが，子どもの今に寄り添い，その場の気持ちを汲み取って欲求を満たしていくことが，その後の感情を統制していく力へとつながっていくのである。

4 やりたい遊びを見つけて友達と一緒に遊ぶ

a 事例：「友達やもんな」

　10月5日

　クラスの子どもたちも，スクーターに乗ることが上手になってきた。スクーターは三輪なので安定感がある。それを利用して特に男の子たちはとても速いスピードで，片足で蹴って走っていく。<u>裕二が遊具庫からスクーターを取り出してくると，善治，和仁が「ぼくも」と走ってスクーターを取りに行った</u>（①）。裕二が先頭になり，畑，土山，園庭という，おきまりのコースを走り出すと，<u>善治，和仁も遅れまいと一生懸命ついていった</u>（②）。何周も走りながら途中，裕二が枝を拾ったり，側溝で遊んでいる友達のしていることをのぞいたりしていると，<u>善治や和仁も同じように枝を拾ったり，側溝で遊んでいる友達の様子をのぞき込んだりしていた</u>（③）。しばらくすると，走るのに疲れたのか，<u>すべり台の下の狭い場所に3人が体をすっぽり埋めていた</u>（④）。すぐ隣には，スクーターが並べて置いてある。その表情は，友達と一緒に遊べた充足感と，思い切り遊べる遊具がある満足感を味わっているようだった。その後，裕二が慌てて保育者のところに走ってきた。<u>「先生。たいへん。たいへん！　大きい組さんが，よっちゃんのスクーターを持ってっちゃったよ！</u>（⑤）」と訴えてきた。<u>和仁も自分のことのように取られたことを悔しがり，どうしたらいいか必死に話しだした</u>（⑥）。どうやら，置いてあったスクーターを誰も使っていないと思って，持っていったようだ。<u>3人と保育者は，善治のスクーターを探しに園庭をめぐり始めた</u>（⑦）。

b 保育者の考察

スクーターで十分走った後，すべり台の狭い場所で3人が膝を付け合わせて，自分の持っているおもちゃや，好きなテレビの番組など，とりとめもないことをのんびりと話している姿を見て，ほほえましい気分になった。これは，その前に，自分も友達もスクーターに乗って一緒のことができた気分を満喫しているので，こうしたのんびりとした時間が流れていたのだと思う。その姿を見ると，〈ぼくたち，3人で遊んでいるんやもんな。仲間やもんな〉と，暗黙のうちに感じ合っているようだった。遊び場や物を介して友達と一緒に遊んでいる楽しさを，これからも見守っていきたい。

c 読み取り

①裕二と同じスクーターを使って遊んだり，②③裕二と同じ動きを楽しんでいる善治たちの姿から，善治たちが裕二の存在に興味を持ち，興味あるものに対して，それを自分の遊びに取り入れようとしている様子がうかがえる。

④すべり台の下で身体を寄せ合っている3人の姿から，裕二たちが，同じ空間を共有することで，友達と一緒にいることに喜びを感じている様子がうかがえる。

⑤⑥善治のスクーターが取られたことを3人揃って保育者に訴えにくる様子から，3人が同じ気持ちを共有して，友達同士の関係性を深化させていっている様子がうかがえる。

⑦3人と一緒に善治のスクーター探しに出かけている保育者の姿から，保育者が裕二らと行動を共にして，仲間で行動することの楽しさに気付かせていこうとしている様子がうかがえる。

d まとめ

3歳頃は，日々の生活を通して友達の存在に気付き，共に行動するようになっていく。しかし，そのきっかけは保育者の意図的な環境構成に委ねられている。そのため保育者は，友達と関われる場所を仕掛けていくことはもちろん，子ども同士の関わりの度合に応じて，自らの関わりを変化させていかなければならない。

今回の事例では，何かしらの理由で裕二の存在に興味を持った善治と和仁が，裕二と同じスクーターを使って遊んだり，同じ動きを真似していたところから3人のつながりが始まり，遊びの伝染が始まっている。ここには，裕二の指示に従ってコースを進むとか，裕二の真似をしなければならないといったきまりはなく，善治や和仁が裕二と同じ動きを真似することを勝手に楽しんでいただけである。それが，いつの間にか，遊びを求める気持ちと友達を求める気持ちが均一化されて，すべり台の下で身を寄せ合う行為となり，スクーター仲間としての関係を育んでいくことへとつながっていったのである。さらには，善治のスクーターがなくなったという事件で，3人はより気持ちの波長を通わせて，保育者に相談を持ちかけている。しかし，ここで保育者が3人にとった関わり方が実にうまい。保育者は年長児が善治のスクーターを持っていった意図を「誰も使っていないと思っていたのだろう」と読み取った上で，それを3人に伝えようとはしていない。つまり，スクーターを持って行ってしまった年長児を見つけて，スクーターを返却してもらうよりも，いま3人が一緒にいることを喜んでいる時間を充実させて，互いの存在を必要な友達として認め合わせていこうとしていたのではないだろうか。

一緒に遊ぶことができるようになってくるこの時期，保育者を交えた遊びによって，子ども同士の心の波長を合わせていくことも必要な援助である。

5　保育者や友達と一緒にごっこ遊びを楽しむ

a　事例：「ぼく，キョウリュウゴールドでいい」

１月12日

俊彦，広海，正樹，聡吾が集まって，テレビのヒーローごっこをしていた（①）。そこへ恭平が「入れて」と言って入ってきた（②）。役を決めることになり，恭平は大きな声で「キョウリュウレッド！」と叫んだ。ところが，キョウリュウレッドはすでに俊彦の役だった。恭平は「赤がいい！」と言って譲らない。俊彦もはじめに自分がやりだした思いがあるので譲りたくないようだ。恭平がいまにも俊彦に手を出しそうになったので，保育

者は2人の間に入った（③）。2人のやりたい気持ちを聞き，どうしたら2人が納得して遊べるだろうかと困った保育者は「ままごと遊びの中でも，お姉さん役が2人いたり赤ちゃん役が3人いたりするんだよ（④）」と言った。しかし，俊彦と恭平にとってはキョウリュウレッドが2人になることは許せないようである。そのうち俊彦が，「じゃぁ，恭平くんはレッドバスターで，ぼくがキョウリュウレッドは？（⑤）」という案を出した。保育者は，なるほどと思い，うなずいて聞いていたが，恭平にとっては前回終わってしまった番組のヒーローはやりたくないようだ。恭平は「イヤだ。ぼくはキョウリュウレッドがいい（⑥）」となおも譲れないことを言った。すると俊彦は次に，「じゃぁ，ぼくがレッドで，恭平くんが赤ね（⑦）」と言うと，恭平は「赤は2人もいらないの（⑧）」と言い，あくまでも自分だけがレッドになることを訴えだした。俊彦は，もうこれ以上は譲れないといった感じで，広海，正樹，聡吾とその場を離れてしまった。恭平は1人取り残された（⑨）。保育者は，俊彦が次々と妥協案を考え出した気持ちのゆとりに感心すると共に，恭平が最後まで自分の主張を通し続けていたのだから，やむをえないなと思いながら，そばにいて恭平のさみしい気持ちに寄り添っていた（⑩）。翌日も俊彦たちはキョウリュウジャーごっこをしていた。恭平はやはりキョウリュウジャーごっこがやりたかったようで，俊彦が腰につけているベルトを作っているそばに行って，「ぼく，キョウリュウゴールドになっていい？」と聞き（⑪），仲間に入れてもらっていた。

b　保育者の考察

自分がやりたいことを表出していける力はとても望ましいが，それだけでは友達とうまく遊べないことを子どもたちは感じ始めている。また友達と遊びたい気持ちが強くなってきたことで，自分の気持ちをどうやって納得させていくかを学ばせていかなければならないと思った。子どもが納得できる条件は保育者でなく，子ども同士で出させていくようにしたいので，これからも自然な関

わり方をしていくようにしたい。俊彦の姿と友達とやっぱり遊びたいと思った恭平の成長を見られて嬉しかった。

　c　読み取り

①遊びのメンバーが固定しているところから，彼らが同じテーマのもとで遊びを展開させていくことができる間柄である様子がうかがえる。

②俊彦たちの遊びに，「入れて」と声をかけている恭平の姿から，恭平が集団生活に必要なルールを使って，俊彦たちの仲間入りをしようとしている様子がうかがえる。

③俊彦と恭平のいざこざに寸前まで介入しなかった保育者の姿から，保育者が俊彦らに自分の気持ちを話そうとしている意欲を大切にしていこうとしていた様子がうかがえる。

④俊彦と恭平のいざこざに介入して，妥協案を提示している保育者の姿から，保育者が俊彦と恭平のいざこざに折り合いをつけさせようとしている様子がうかがえる。

⑤⑥俊彦と恭平の言い争う姿から，2人が遊びに対して強いこだわりを持ち，こだわりを達成させるために自分の気持ちを相手に伝えようとしている様子がうかがえる。

⑦自己主張しつつ，恭平の要求も受け入れようとする俊彦の姿から，俊彦が恭平とのぶつかり合いを通して，社会性（自己抑制力）を養いつつある様子がうかがえる。

⑧自己主張のみの交渉に留まっている恭平の姿から，恭平が自分の欲求を調整することがまだ難しい状態にある様子がうかがえる。

⑨遊びから1人取り残されてしまった恭平の姿から，恭平が俊彦とのいざこざを通して，社会の規範を学ぶ機会となっている様子がうかがえる。

⑩恭平のそばに寄り添う保育者の姿から，保育者が恭平に今回のいざこざの原因を考えさせる時間を与えている様子がうかがえる。

⑪キョウリュウレッドを諦め，キョウリュウゴールドに妥協している恭平の姿から，恭平が前日の経験を通して，自分の欲求に折り合いをつけることがで

きるようになりつつある様子がうかがえる。

d まとめ

3歳児期のこの頃は，友達とのつながりができてきて，一緒の雰囲気を楽しむことができるようになる。また他者の思いに気付いたり，他者の思いを認めたりして，人との関わりを広げていくようになる。しかし，発達の個人差によっては直感的な判断や自己中心的な考えによって，トラブルが生じることも少なくない。

この事例では，俊彦と恭平がキョウリュウレッドの役をめぐってトラブルが起きたところへ保育者が「ままごと遊びの中でも，お姉さん役が2人いたり，赤ちゃん役が3人いたりするんだよ」と介入し，トラブルを収めようとしているところから始まっている。しかし，保育者のこの介入は2人にほとんど意味を成していない。そればかりか，保育者の介入によって2人の意見はますます対立し，最終的には，恭平が1人取り残されて，さみしさを味わう結果となっている。では保育者はどうすればよかったのであろうか。

保育者が2人の介入に入ったタイミングは望ましい。それは，保育者が俊彦と恭平が自分の意見を主張できる子どもであり，どちらもキョウリュウレッドに強いこだわりを持っていることを理解して，ぎりぎりまで互いに自分の気持ちを主張させる場を意図的に設けていたからである。しかし，恭平が危機一髪のところで俊彦に手を挙げようとした時，保育者は，これまでの2人の主張とはまったく異なる，2人でキョウリュウレッドになってはどうかと，誘導的な提示をして，場を収めようとしてしまっている。せっかく機転を利かせて俊彦たちの気持ちを汲み取ってきたのに，介入場面で保育者の思いが勝ってしまったのである。また，後半の俊彦と恭平のやり取りでは，恭平の気持ちに目を向けて遊びを継続させようとする俊彦に対して，自分の世界だけを基盤として遊びを進めようとするがあまり，俊彦の気持ちにまったく寄り添おうとしなかった恭平の姿から，俊彦と恭平2人には，社会性の育ちにおいて大きな差があることが確認できる。だからこそ，この時期のトラブルには保育者の介入によって子ども同士の間をとり持っていかなければならないのだが，それが保育者の

誘導になってしまわぬよう，子ども自身に自己決定を促していくような援助が求められるのである。

2節　4歳児の保育

1　4歳児の年間指導計画

以下に，4歳児の年間指導計画を示す。

期	月	ねらい			願う子どもの姿		
I期	4月・5月	・園生活に慣れ，安心していろいろな遊びを楽しむ			・進級した喜びを持ち，生活しようとする ・異年齢児に関心を持ち，一緒に行動し，世話をしようとする ・自分の気に入った場所や遊具を見つけて遊ぼうとする		
		指導内容の視点					
		健康	人間関係	環境	言葉		表現
		・持ち物の始末や，身のまわりのことは，ほとんど自分でできる ・園の遊具に親しみ，安全な遊び方や扱い方を知り，遊ぶことができる	・保育者に親しみを持ち，友達と一緒に遊ぶことができる ・友達と生活する中で，きまりの大切さに気付くことができる	・戸外で身近な自然に触れて遊ぶ心地よさを味わうことができる ・身近にある用具，器具などに関心を持ち，触ったり試したりできる	・日常生活に必要な挨拶ができる ・話しかけられたり，問いかけられたりしたら，自分なりに言葉で返事をすることができる		・友達と一緒に音楽を聴いたり，喜んで体を動かしたりすることができる ・自由に描いたり作ったりできる
		環境構成			家庭との連携		
		・年少時の経験を生かしながら，自分らしさを出して遊べるように素材や用具を準備し，遊びの場を確保する ・徐々に遊具を多くし，一人一人が自由に使い新しい物にも興味を持って参加できるようにする ・一人一人の思いを受容して安心感を持たせながら，園生活の流れや楽しさを伝えていくようにする			・子どもたちの緊張と不安を十分に受け止め，安心して登園できるようにしてもらう ・園生活の慣れから，気がゆるみがちなので，園のたよりや連絡帳を通して，子どもたちが園生活で困らないように注意してもらう		
期	月	ねらい			願う子どもの姿		
II期	6月・7月・8月	・自分の好きな遊びをしたり，友達と一緒に過ごしたりすることを楽しむ			・異年齢児との関わりの中で，年長児の真似をしたり，年下の子どもに優しくしたりする ・生活範囲が広がり，活発に活動する中で安全に気を付けて遊ぼうとする ・好きな遊びに熱中したり，友達を誘ったりして遊ぼうとする		

		指導内容の視点				
		健康	人間関係	環境	言葉	表現
Ⅱ期	6月・7月・8月	・進んで様々な活動に親しみ，体を動かして遊ぶことができる ・食べ慣れない物や嫌いな物でも少しずつ食べることができる	・身近な人に親しみを持ち，話を聞いたり話しかけたりできる ・手伝ったり，人に親切にしたり，親切にされることを喜ぶことができる	・身近な動植物を見たり，世話を楽しんだり，いたわりや大切にする気持ちを持つことができる ・園内外の行事に関心を示し，地域との関わりを持つことができる	・保育者や友達の話を親しみを持って聞くことができる ・自分のやりたいと思うこと，してほしいことを言うことができる	・様々な物の音，色，形，手触り，動きなどに気付き，驚いたり感動したりすることができる ・作った物を用いて，保育者や友達と一緒に遊ぶことができる

	環境構成		家庭との連携	
	・子どもたちが自分から遊びや活動に取り組めるよう，環境を構成し，流動的に変化させる ・自然と十分に触れ合いが持てるよう，草花，小動物などの環境を整備し，地域の公園などへの散歩も取り入れていく ・一人一人の子どもを理解し，その気持ちを認めながら，援助や指導をすることで信頼関係を深めていく		・体調の変化や食欲の減退などを日々伝え合い，一人一人の健康状態を把握した上で，生活リズムを整えていくようにする ・できるだけ，子どもが自分の力で進められるように見守ってもらう	

期	月	ねらい		願う子どもの姿		
		・自分の思いを出しながら，友達と関わって遊ぶことができる		・自分のできることに喜びを持ちながら，意欲的に取り組もうとする ・友達と一緒に集団のきまりを守ろうとする ・自分なりの思いや考えを表して，友達と一緒に遊ぼうとする		

		指導内容の視点				
		健康	人間関係	環境	言葉	表現
Ⅲ期	9月・10月・11月・12月	・進んでいろいろな遊具や用具を使い，体を十分に動かして遊ぶことができる ・体や身のまわりを清潔にすることができる	・他人に迷惑をかけたら謝ることができる ・地域の人々や異年齢児に対し，親しみを持って関わることができる	・身のまわりの物の色，形などに興味を持ち，選んで遊ぶことができる ・自分の物と友達の物との区別に気付き，共同の遊具，用具，公共施設などを大切に使うことができる	・見たことや聞いたことを話したり，疑問に思ったことを尋ねたりすることができる ・保育者の話に親しみを持って聞いたり，話したりして，様々な言葉に興味を持つことができる	・感じたこと，思ったことや想像したことなどを，様々な素材や用具を使って自由に描いたり作ったりできる ・身近な生活経験をごっこ遊びに取り入れて，遊ぶ楽しさを味わうことができる

		環境構成	家庭との連携
Ⅲ期	9月・10月・11月・12月	・一人一人の体力や運動機能の発達を考慮しながら，全身を使った遊びが十分楽しめるようにする ・子ども同士が誘い合い，刺激し合えるような交流の場を設け，活動する楽しさを味わえるようにする ・保育者自身が身近な自然事象に対して敏感に受け止め，子どもの感性を引き出し，豊かになるよう援助する	・保護者が子どもと一緒に活動を楽しむことによって，成長の様子や取り組もうとしている姿，遊びを理解してもらう ・子育ての悩みや願いを受け止め，保護者と共に考え子どもの成長を見守る

期	月	ねらい		願う子どもの姿	

| | | ・一人一人が自分の目的を持って遊ぶ中で，友達とのつながりを深める | ・自分の思いを表し，友達の意見を受け入れ，我慢しようとする
・年長児になることへの期待と喜びを持ち，進んで身のまわりのことに取り組もうとする
・目的に向かって，友達と協力し合って行動しようとする | | |

指導内容の視点

		健康	人間関係	環境	言葉	表現
Ⅳ期	1月・2月・3月	・進んで戸外に出て，体を十分に動かして遊ぶことができる ・体の異常があれば，自分から保育者に言うことができる	・保護者の言うことや友達の考えていることを理解して行動することができる ・目的に向かい，友達と一緒に協力してやり通すことができる	・冬の自然現象に興味を持ち，感動したり疑問を持ったりすることができる ・生活の中で，数量や形に関心を持ち，数えたり比べたりできる	・経験したことを生かして，会話を楽しむことができる ・絵本や童話などを読み聞かせてもらい，イメージを広げることができる	・友達と音楽を聴いたり，歌ったり，体を動かしたり，楽器を鳴らしたりして楽しむことができる ・友達とイメージを共有し，同じ目的に向かって様々に表現することができる

環境構成	家庭との連携
・子どもの興味や遊びの流れをつかんで環境を整え，集団で遊ぶ面白さを十分に味わえるようにしておく ・友達との関わりの中で，一人一人のアイデアを互いに認め合うよう見守り，安心して自己発揮できるようにする 同じ目的や興味を持つ友達の考えを受け止めながら，遊びが展開するよう援助する	・子どもの成長の姿を具体的に保護者に知らせ，子どもと共に成長を喜び合う ・基本的な生活習慣や態度を見直したり，年長組になる期待を話し合ったりして，充実した園生活が過ごせるように協力してもらう

6章　保育の中で育つ人と関わる力Ⅱ　173

2　新しい環境に慣れ，親しんで登園する

a　事例：「ぼく，強いで痛くないっ！」

4月13日

　新学期が始まり，喘息で純の欠席が続いた。純の家に保育者が連絡を入れる（①）と母親が，「弘和くんに叩かれるからイヤだと言っていたので休ませました」と言った（②）。保育者は，「イヤなことがあったら，先生が力になるからね。と伝えてください」と返した。続けて，叩かれたのはいつのことか尋ねると（③），昨日や今日といった最近のことではなく，今までのことを含めてのことであることが分かった。そして，叩かれたらイヤだという気持ちが「弘和くんは叩くから怖い」という表現に代わっていったようだ。その後，保育者は，純が幼稚園を怖いと思う気持ちを軽減させるため，純が好きなままごとやリズム遊びに付き合うようにした（④）。ある日，保育室の入り口でバタンという音がした。見ると，純が滑って転んでいた。保育者が「純くん，痛かったね。大丈夫？」と近づくと，「ぼく，強いで痛くない！」と，そそくさと立ち去っていった（⑤）。

b　保育者の考察

　緊張して新学期を迎えているが，自分で「ぼくは強い」と表現し，そこに強くなりたいと思っている純がいることを心に留め，温かい気持ちで支えるようにしていきたい。

c　読み取り

①長期欠席していたであろう，純の健康状態を気遣い，家庭に連絡を入れている保育者の姿から，保育者が家庭と連携を図りながら純の保育を行っていこうとしている様子がうかがえる。

②純の欠席理由が喘息だけではなく，弘和の言動にもあると訴えている母親の姿から，母親が保育者にこの問題を解決して，純にとって楽しい園生活が送れる環境を整備してほしいと願っている様子がうかがえる。

③保護者の訴えに謝罪もせず，これまでの経緯と純へのメッセージだけで対応

を済ませようとしている保育者の姿から，保育者が表面的な対応だけで事態を収束させようとしている様子がうかがえる。

④純の好きな遊びを導入したり，遊びに付き合うことで純の不安を軽減させようとしている保育者の姿から，保育者が一義的な関わりによって問題解決を図ろうとしている様子がうかがえる。保護者が最も気にしている弘和との関係について，保育者はどのよう考えているのであろうか。

⑤保育者から逃げるようにその場を立ち去っていく純の姿から，純が保育者の心配を好意として受け止められないでいる様子がうかがえる。純にとって保育者の存在が安全基地として働いていないということであろうか。

　d　まとめ

　子どもの育ちは園だけで行われるものではなく，家庭との連携によって行わなければならない。そのため保育者は，園と家庭においても信頼関係を形成していく必要がある。

　この事例では，欠席が続いた純の健康状態を確認するため，保育者が家庭に連絡を入れたところから始まっている。しかし，保育者が知りたかった純の健康状態は身体よりも心に負担がかかっており，弘和の言動で登園拒否の状態に陥っていることが保護者の話から判明している。それにもかかわらず保育者は，叩かれるようになった時期の確認と，「イヤなことがあったら，先生が力になるからね。と伝えてください」といった純へのメッセージだけで，園の中で見られる純の様子や弘和の様子についてはまったく触れていない。この時，保護者の気持ちはどうであったろう。問題の核心に触れてくれない保育者の対応に保護者はきっと困惑したに違いない。

　今回の保育者のこの対応は，保護者が弘和に対して，悪い印象を抱いたままであり，今後の純と弘和の交友関係にも影響を及ぼす危険性がある。さらにこれは純と弘和だけの問題に留まらず，保護者間の関係性にもつながりかねない。仮にあの時，保育者が保護者の気持ちに立って，純と弘和の関係をなぜ自分に打ち明けてくれたのか，保護者の気持ちに立って対応を考えていたら，純が廊下で転んだ際の保育者に対する行為はどうであったろう。

6章 保育の中で育つ人と関わる力 Ⅱ　175

　保護者が保育者を信頼するとは，保育者が自分の子どもをどのように見て，どのように接してくれているのか，そして，それをどこまで気にかけて情報伝達してくれるかどうかにかかっている。よって，何か問題があった時だけ保護者との連携を図ればよいのではなく，日頃から子どもの情報提供を行っていくことも保育者の援助なのである。そしてこうした積み重ねこそが保育者と保護者・子どもの関係性をより深め，共感し合える間柄を形成していくことになるのではないだろうか。保護者の気持ちを援助していくことも保育者の務めである。

3　気が合う友達と一緒に，面白そうなことに関わって遊ぶ

a　事例：「なんまいだあ，なんまいだぁ」

　　　6月20日

　「たいへんや，この子死んどる」。ついさっきまで，何とか捕まえてみようと，カップを手に苦戦していた相手がバケツの中で横たわっている。大哉，詩織，翔真は，あわててカップにザリガニを入れ（①），急いで花壇に向かった。そして花壇の隅にザリガニを置く（②）と，「なんまいだあ，なんまいだぁ」と手を合わせた（③）。保育者が，「あれ？　土の中に埋めてあげないの？」と尋ねると，大哉が「あかん，この下には，昨日のザリガニさんがおるもん」。そう言うと，3人は土山から土を持ってきて（④），そっとザリガニの上に土をかぶせていた（⑤）。

b　保育者の考察

　なかなか素手では捕まえられない手強い相手。何とか捕まえようと，あの手この手と苦戦しているうちに，ひげがはさみより長いこと，後ろ歩きが得意なことを見つけ，ザリガニに親しみを抱いていった。こんな経験を積むうちに，自然に「なんまいだぁ」と手を合わせることも覚えていったのだろう。それにしても，ザリガニのお墓が2階建てとは，子どもの柔軟な発想に脱帽である。

c 読み取り

①死んだザリガニはカップに入れる，②ザリガニをカップから出して花壇の隅に置く，③ザリガニの弔い儀式を行う，④ザリガニを埋める土を土山に取りにいく，⑤土山から持ってきた土をザリガニにかぶせる，といった大哉たちの一連の姿から，彼らの遊びが日常生活で見たものや経験したことを遊びの中に取り入れて，現実味を帯びた遊びへと展開しつつある様子がうかがえる。また，その中で，友達の存在を感じ，同じ場で同じような感情を持ち合わせて，1つの遊びに様々なアイデアを拡散させながら，楽しい時間を共有している様子も見受けられる。

d まとめ

大哉・詩織・翔真は毎日，同じメンバーで嫌というほどザリガニ採りを楽しんでいたのだろう。悪戦苦闘の末，捕まえたザリガニが死んでいることを発見した3人がザリガニの亡骸を持って花壇に向かう場面から始まっているこの事例では，3人の遊びに誰が何の役をやるのかといった役割が特に決まっているわけではない。しかし，3人の遊びには大きなトラブルもなく，とても楽しそうに遊びが進んでいる。それはなぜか。そもそも遊びを楽しいと感じるためには，子どもが他者と楽しい時間を共有していけるようになることが大前提である。だが，楽しい時間の共有は1日限りではなく，それが継続し，定着することで安定し，楽しい遊びとなっていくのである。

大哉たちの遊びを見てみると，ザリガニ採りが毎日の経験として積み重ねられ，子ども同士の間に安心感が生じていることが読み取れる。大哉たちは，こうした安心感の中で気持ちを安定させ，自分たちの生活体験をもとにした活動を取り入れて，「なんまいだあ，なんまいだあ」とお経を唱えたり，ザリガニに土の布団をかけ，2階建てのお墓を生み出していったのだろう。このように4歳頃になると，自分たちでやりたいと思う遊びを自分たちの手で作ろうとし始める姿が見られるようになってくる。そのため，保育者は子どもが継続して遊び込める場面をこれまで以上に意図的に設けたり，自身の関わりを変化させていかなければならないのである。

6章　保育の中で育つ人と関わる力Ⅱ　177

4　友達のしていることに関心を持ち，経験のない遊びにチャレンジしようとする

a　事例：「ぼくもやってみる」

9月14日

　実習生がフリスビーの遊びを子どもたちと一緒に楽しんだ。泰介は，いつものように登園すると，お気に入りの絵本を読んだ後，実習生に誘われるまま（①），フリスビーを作り始めた。実習生の隣にぴったりとくっつき，手取り足取りで（②）何とか仕上げることができた。早速，飛ばそうとテラスで身構えるが，飛ばし方が分からないのか，再び実習生のところへ行って，黙ったままぐいぐいと手を引っ張る（③）。実習生は他の子どもの援助で必死である。見かねて保育者が泰介に，「泰ちゃん，こうやって飛ばすの（④）」と飛ばし方を示して，しばらく一緒に遊んだ。友達の姿を見ると，自分がうまくできてないのではないかと少し不安げな様子（⑤）。保育者が「泰ちゃん。うまいうまい（⑥）」と励ますと，またやる気になって挑戦した。すると，「泰ちゃん，上手に飛ばせる」と何度もまわりの友達にアピールし始めた（⑦）。その後，達夫，義紀が来て，泰介の前でフリスビーを回転させた（⑧）。それに刺激され，再び泰介も挑戦を始めた（⑨）。フリスビーに何とか楽しさが見つけだせるようになった泰介であった。

b　保育者の考察

　泰介は2学期に入ってから，いろいろな遊びに興味が持てるようになった。保育者の側にいることで安心するのか，常に保育者の腕を引っ張ることが増えた。しかし，相変わらず要求の際に言葉が少ないので，保育者は腕の引っ張り具合で泰介の心の状態を探るのである。この日はたまたま実習生に誘われ，フリスビーを楽しむことができた。自分がうまくできているかを気にしながらも，保育者にほめてもらえることで，何とかくじけずに意欲を維持することができた。嬉しい時や，少し不安を感じている時など，保育者が泰介の気持ちを代弁

しながら，まわりの友達や遊びに関わっていけるように後押ししたい。

　c　読み取り

①②実習生に誘われるまま，フリスビー作りを始め，②実習生とだけの関わりによって，フリスビーを完成させている泰介の姿から，泰介がまだ自分の遊びにこだわりを持っておらず，大人の存在に依存しながら園生活を送っている様子がうかがえる。

③フリスビーの飛ばし方を，友達ではなく実習生に尋ねようとしている泰介の姿から，泰介が友達の輪の中に１人では入っていけない様子がうかがえる。

④泰介の行動を見かねて，フリスビーの飛ばし方を教えている保育者の姿から，保育者が泰介の思考力を奪ってしまっている様子がうかがえる。泰介と友達をつなぎながら，友達と一緒にいる楽しさや，どうしたら飛ぶようになるのかを試行錯誤させるような環境づくりに目を向けることはできなかったのだろうか。

⑤友達と自分を比較して焦りを感じている泰介の姿から，泰介が自己肯定感に乏しい状態にある様子がうかがえる。

⑥泰介にエールを送っている保育者の姿から，保育者が泰介に有能感を持たせようとしている様子がうかがえる。しかし，泰介に不安な気持ちを抱かせることになった根源が自分の提示であったことに保育者はまだ気付いていない。

⑦フリスビーがうまく飛ばせるようになったことを，言葉に置き換えて表現している泰介の姿から，泰介が自分の気持ちを他者にも理解してもらい，それを一緒に共有してほしいと願っている様子がうかがえる。

⑧自分たちの技を泰介の前で披露している達夫らの姿から，達夫らが泰介を同じ遊びをしている仲間として受け入れつつも，泰介をライバル的な存在として挑発している様子もうかがえる。

⑨実習生や保育者の援助を必要とせず，自ら練習を始めた泰介の姿から，泰介が達也たちとの交流を通して，意欲や活力を高めて，自分の気に入った遊びを見出すことができた様子がうかがえる。

d まとめ

　泰介のように，保育者や友達に自分の言いたいことを言葉で主張したりすることができない子どもには，保育者側からのアプローチも必要になる。しかし，それが保育者主導のアプローチになっていないかどうか，留意すべき必要がある。

　今回の事例では，実習生に誘われるままフリスビー作りに参加し，手取り足取り実習生の個別指導によってフリスビーを完成させた泰介が，いざ遊ぼうとなった時，フリスビーの飛ばし方が分からずに，またしても実習生の助けを借りようとしている事例である。この間，泰介は友達との関わりは一切なく，終始実習生との関わりだけで活動が進められている。これは泰介が，まだ友達との交流経験に乏しいため，大人に依存しなければ課題を自分で乗り切ることができない状態なのであろう。しかしこれは，うまくできないことに焦りを感じた泰介が少しでも早くみんなに追いつこうとしている現れと捉えることもできる。問題は次の場面である。実習生にうまく自分の気持ちを伝えられない泰介を見かねて介入に入った保育者は，泰介にさっさとフリスビーの飛ばし方を教え，これがあたかも泰介の願いを満たした援助であるかのような勘違いをしてしまっている。ここで保育者が施した援助は，単に泰介の考える力（思考力）を奪い取ってしまっただけではないだろうか。保育者がフリスビーの飛ばし方を提示することで泰介は確かにフリスビーを飛ばせるようになるのかもしれない。だが，集団の中で友達と関われず，葛藤している泰介の姿を思うと，ここで必要なのは保育者と一緒に考える時間や考えたことを行動しようとする気持ちに持っていくことなのではないだろうか。その上で，その活動に追及できるような友達との関わりを紡いでいく援助が必要なのではないだろうか。

　このように考えると，保育者が行う，向かい合っての個別指導が果たすべき役割は，個人差に応じた援助でなければならないことが分かる。実習生や保育者との関わりだけでは得られなかった姿が，達夫や義紀たちとの関わりによって，遊びの取り組み方に変化をもたらした今回の事例。保育者が一方的に，「フリスビーは飛ばして遊ぶもの」といった一定の法則を提示していては，今回の

変化は見られなかったであろう。子どものやってみたい気持ちと，できた気持ちとでは，遊びの取り組み方にも差が見られる。だからこそ，保育者自身も子どもを待つ余裕を持ち，その子にとっていま何が必要なのかを考えて，援助の中身を見つめ直していく必要がある。

5　気の合う友達の中で自分を主張し，時にはけんかをして，相手とのつながりを持とうとする

a　事例：「だってりえちゃんは……」

12月7日

菜々子，希美，桃花，美紀，亜衣たちが1週間前から楽しんでいる家族ごっこをままごとコーナーでやり始めた。ハートのエプロンやスカートを身につけたり，「美紀は，お母さんやるから」「あらあら，赤ちゃんが泣きだしちゃったわ」などと言いながら5人で楽しんでいた（①）。そこへ，外で遊んでいた理絵が部屋に戻ってきた。しばらく絵を描いたり，リースを作ったりして楽しんでいたが，いつもの気の合う友達が家族ごっこを楽しんでいる姿を見て，入りたくなったようである。そばへ行き，「入れて」と言った（②）。菜々子，希美，亜衣は，すぐに「いいよ。理絵ちゃんは何の役にする？（③）」と入れてくれる様子を示した。ところが美紀が，「理絵ちゃんは入っていかん（④）」と言ってきて，楽しい雰囲気は一瞬で険悪なムードになってしまった。保育者は間に入るべきだと思ったが，しばらく様子を見ることにした（⑤）。いつもだと，言われてそのまま引き下がってしまう理絵だったが今日は違った。「理絵のこと，どうして入れてくれないの？　何もやってないのに（⑥）」と泣きながら美紀に突っかかっていった。それを聞いていた菜々子，希美，亜衣が，「美紀ちゃん，いつも勝手に役決めるからつまらん」と言って，遊びから抜けていった（⑦）。美紀の一番の仲良しの桃花も「やーめた」と抜けてしまい（⑧），その場には，美紀と理絵だけが残った（⑨）。美紀は保育者に視線を向けながら，「だって，理絵ちゃんには友達がいっぱいいるんだもん」と言いながら，大きな声で

<u>泣きだした</u>（⑩）。理絵も何も言えずにその場に立ち尽くしていた。

b 保育者の考察

　このメンバーは進級児である。幼稚園だけでなく，家に帰ってからも遊ぶなど，とても仲がよい。仲がよいからトラブルになることも多い。理絵は誰にでも優しくできるので，みんなに好かれている。いつも我慢をしてしまう理絵の思いを保育者が十分に受け止め，まわりに伝えていくことで，少しずつ自分の思いが伝えられるようになってきた。今回思いを伝えられたことはとても大きな成長だと嬉しく思った。美紀は，しっかり者で仕切っていく姿が見られ，時には，強引過ぎて相手を傷つけてしまうこともある。それを指摘されると，「美紀はどうせ，ひとりだもん」と強がることで自分の思いを表す。気の合う友達と遊ぶ中で，素直に自分の思いを表せるといいなと願っていた。今回は，一緒に遊んでいた菜々子や大好きな桃花が抜けたことで，「理絵ちゃんには友達がいっぱいいる」と美紀の本当の気持ちが出てきた。理絵が中に入ることで，大好きな桃花を取られてしまうのではという不安感を持っていたことが伝わってきた。その気持ちを受け止め，保育者は美紀たちの遊びの中に入り，気持ちに寄り添いながら素直に表していけるように促したいと思う。また，仲が深まっていくことで，子どもたちが心を揺れ動かしていることにも改めて気付かされた。

c 読み取り

①菜々子ら女児5人が，1週間を通して同じ遊びを継続させている姿から，彼女たちが遊びのイメージを共有して，家族ごっこを楽しもうとしている様子がうかがえる。

②菜々子らの遊びに関心を持ち，「入れて」とお願いしている理絵の姿から，理絵が集団生活に必要なルール（仲間入りの儀式）を使って，遊びに参加しようとしている様子がうかがえる。

③理絵の参入を認め，早々に遊びを開始しようとしている菜々子，希美，亜衣の姿から，菜々子らが，理絵を自分たちの仲間として受け入れている様子が

うかがえる。

④理絵の参加に激しく抵抗している美紀の姿から，美紀が菜々子たちと結束して，理絵を仲間から排他しようとしている様子がうかがえる。

⑤理絵と美紀のいざこざを介入せずに見守っている保育者の姿から，保育者が普段とは違う理絵の様子に気付き，理絵に自分の意見を言わせようとしている様子がうかがえる。

⑥仲間入りを拒否した美紀に，その説明を求めている理絵の姿から，理絵が美紀に仲間に入るための条件を確認しようとしている様子がうかがえる。

⑦美紀の対応に理解が示せず，その場を立ち去ってしまった菜々子，希美，亜衣らの姿から，菜々子らが美紀の考えと自分たちの考えが合わないことに怒りを感じ，日頃の不満を言葉にすることで感情の交流を図っている様子がうかがえる。

⑧菜々子らの後を追うように遊びを抜けてしまった桃花の姿から，桃花が菜々子らの言動に刺激を受けて，ようやく自分の気持ちを表出できた様子がうかがえる。もしかして，保育者の気付かないうちに桃花と美紀の間に主従関係ができてしまっていたということは考えられないであろうか。

⑨2人きりで取り残された美紀と理絵の姿から，美紀らがこの場の状況にどう対応していけばよいのか葛藤している様子がうかがえる。

⑩保育者の方を見て泣いている美紀の姿から，美紀が自分では処理できない気持ちを泣くという行為で表現し，保育者の介入を必要としている様子がうかがえる。

　d　まとめ

　子ども同士の遊びでは，遊びの欲求が強ければ強いほど，いざこざが生じやすく，誰かが誰かを圧力と感じ，それを排他しようとする場面がよく見られるものである。しかし，いざこざの原因は考え方の不一致から生まれることが多い。今回の事例で見られた考え方の不一致は，美紀たちの遊びに参加したいと願う理絵，理絵を仲間として受け入れ，一緒に遊びを展開させていこうとする菜々子，希美，亜衣，桃花，それに対して，理絵に自分の友達が取られてし

まうことを恐れている美紀とでは，それぞれの考え方に大きな違いが見られる。当初，美紀は自分に4人の仲間がいるという効力感を味わっていたが，理絵の参入により，たちまち立場が逆転し，1人ぼっちになってしまっている。4歳児のこの頃は，自分の気持ちを言葉で伝えることもできてくるようになるが，相手の気持ちを受け入れながら会話を進めていくことはまだ難しい時期でもある。したがって，保育者は子どもの特性や状況を適切に理解した上で，自分の意見を促したり，相手の気持ちに気付かせていく援助が必要となるのである。

　実際，この事例では保育者が理絵と美紀の険悪なムードの時から介入せず，様子をずっと見守り続けている。この援助により，理絵は自分の気持ちを美紀に伝えることができ，その結果として，美紀が理絵を排他しようとした理由を知ることができている。保育者が，いつもとは違う理絵の様子に気付き，敢えて理絵に自分の気持ちを伝えさせる場を設けようとした関わりは，普段より理絵の様子をしっかりと観察していたからこそできることであり，状況に応じた適切な関わりであるといえよう。しかし，美紀にとってはどうであろう。美紀の表現しきれなかった気持ちを聞き出したり，代弁したりして，美紀と他児をつなぐ関わりが，この保育者は欠如してしまっている。一見，保育者にしてみれば非道徳的な行為であっても，それが当事者にとって，どのような理由によって招かれたのかを理解して関わることも保育者の援助である。このように考えると，今回，2人だけで残された段階において保育者が介入し，美紀の自己表現を育てる援助を行っていくべきではなかったのではないだろうか。

3節　5歳児の保育

1　5歳児の年間指導計画

以下に，5歳児の年間指導計画を示す。

期	月	ねらい	願う子どもの姿			
Ⅰ期	4月・5月	・年長児になったことを喜び，進んで遊びや生活に取り組む	・年長児になった喜びを持ち，進んで環境に関わろうとする ・新入児の世話を進んでしようとする ・興味のある遊びを見つけ，友達と安定して遊ぼうとする			

		指導内容の視点				
		健康	人間関係	環境	言葉	表現
Ⅰ期	4月・5月	・新しい場や年長児としての生活の仕方や習慣を身に付けることができる ・生活の中で危険をまねく事態が分かり，気を付けて行動することができる	・新入児の世話をすることで，優しい気持ちを持つことができる ・友達と生活や遊びのきまりを守ることができる	・戸外の自然に接し，美しさや季節の変化に興味を持つことができる ・身近な物を大切に扱い，自分の持ち物を整頓することができる	・親しみを持って日常の挨拶をすることができる ・話しかけや問いかけに対し，適切に応答することができる	・音楽に親しみ，歌を歌ったり，簡単なリズム楽器を使ったりする楽しさを味わうことができる ・感じたことを自由に描いたり作ったりして表現を楽しむことができる

環境構成	家庭との連携
・子どもたちと共に生活の場を作っていくことを大切にし，年長組になった実感を持てるような環境の工夫をしていく ・安定した気持ちで生活ができるように，時間や場の設定にゆとりを持つようにする ・年長児になった喜びと不安に揺れ動く気持ちを受け止めて，一人一人に対応する	・たよりや連絡帳などで子どもの姿や様子を知らせ，成長したことを保護者と共に喜び合い，親との信頼関係を作っていく ・年長児になったことの気負いを感じすぎている面もあるので，家庭の様子を聞いたり，園での様子や姿を伝えたりしながら，ゆったりと接してもらうことを依頼する

期	月	ねらい	願う子どもの姿			
Ⅱ期	6月・7月・8月	・自分の思いを言葉や行動に表して，友達と一緒に遊ぶ	・友達の思いや考えに気付き，受け入れようとする ・生活の仕方や手順，約束ごとが分かり自分から気付きやろうとする ・自分で友達を誘い，場を作って遊ぼうとする			

		指導内容の視点				
		健康	人間関係	環境	言葉	表現
Ⅱ期	6月・7月・8月	・友達と一緒に，様々な運動や遊びをすることができる	・共同の遊具や用具を譲り合って遊ぶことができる	・身近な動植物に親しみを持って接し，生命の尊さに気付き，いた	・身近な事物や自称などについて話したり，名前や日常生活に必要な言	・様々な音，形，手触り，動きなどをまわりの物の中で気付いたり，見

期	月	健康	人間関係	環境	言葉	表現
Ⅱ期	6月・7月・8月	・体と食物の関係に関心を持ち，必要な習慣や態度を身に付けることができる	・簡単なきまりを作り出して，友達と一緒に遊ぶことができる	わったり大切にしたりすることができる ・生活の中で物を集めたり，分けたり整理することができる	葉を使ったりすることができる ・人の話を注意して聞き，相手に分かるように話すことができる	つけたりして楽しむことができる ・様々な素材や用具を利用し，描いたり作ったりすることを工夫して楽しむことができる

環境構成	家庭との連携
・戸外・室内の遊びが平行して行えるような環境の構成をしていく ・身近な自然物と触れ合う機会を多くし，継続して成長を見守ることができる環境を工夫する ・子ども同士の対立，葛藤に十分に付き合い，気持ちの切り替えを図る	・園で子どもなりに仕事を分担できていることを知らせ，家族の一員として家事を手伝う場を作ってもらうよう依頼する ・友達の家でのトラブルや親同士の人間関係などで悩む親の気持ちを十分に受け止めていくと同時に，困った時には園に相談できるという信頼関係を大切にしていく

期	月	ねらい	願う子どもの姿
Ⅲ期	9月・10月・11月・12月	・一人一人が力を発揮し，友達のよさを互いに認めながら関わりを深める	・友達のがんばりを見たり応援したりして，自分も力を発揮しようとする ・役割を分担したり，助け合ったりしながら，自分たちで解決しようとする ・グループの友達と考えを出し合ったり，受け入れ合ったりして遊びを進めようとする

指導内容の視点

健康	人間関係	環境	言葉	表現
・様々な運動器具に進んで取り組み，工夫して遊ぶことができる ・必要に応じて衣服を着脱し，調整することができる	・地域のお年寄りや身近な人に親しみや感謝の気持ちを持つことができる ・自分の意見を主張するが，相手の意見を受け入れることができる	・近隣の生活に興味や関心を持ち，人々が様々な営みをしていることに気付くことができる ・自然や身近な事物，事象に関心を持ち，それに遊びを取り入れて工夫して，描いたり作ったりすることができる	・考えたこと，体験したことを保育者や友達に話し，会話を楽しむことができる ・みんなで共通の話題について話し合うことができる	・音楽に親しみ，みんなと一緒に聴いたり歌ったり，踊ったり，楽器を弾いたりして音色の美しさやリズムの楽しさを味わうことができる ・様々な素材や用具を適切に使い，経験したこと，想像したことを創造的に描いたり作ったりすることができる

		環境構成	家庭との連携
Ⅲ期	9月・10月・11月・12月	・自分たちで相談したり，協力したりしながら遊びが楽しめるような場の工夫や，十分な時間の確保をしていく ・活動意欲の高まりと，共に出る競争心・優越感が行き過ぎないように配慮し，対応する ・1人のクラスの中での存在感を確かめながら，子ども同士のつながりをさらに深めるような援助をする	・運動会や参観日に子どもと共に親も親しみながら，子どもたちがたくましく成長している姿を実感し，確かめ，喜び合えるようにする ・正月休みなどに，親戚の人々と出会う時には，子どもなりに場に応じた挨拶や行動がとれるようにしてもらう

期	月	ねらい	願う子どもの姿
		・友達との共通の目標を持ち，協力し合って遊びを進めていく	・相手の立場に立って，思いやりの気持ちを持とうとする ・生活の見通しがつくようになり，グループやクラスの友達と協力し合って取り組もうとする ・友達と共通の目的を持って，工夫しながら遊ぼうとする

指導内容の視点

健康	人間関係	環境	言葉	表現
・寒さに負けず，積極的に外で遊ぶことができる ・うがいや手洗いの意味が分かり，体や身のまわりを清潔にすることができる	・異年齢児との関わりを深め，思いやりの気持ちを持つことができる ・人に迷惑をかけないように，相手の立場を考えて行動することができる	・身近にいる人の仕事をしている姿を見て，自ら進んで手伝いをすることができる ・生活や遊びの中で，時刻，時間などに関心を持つことができる	・身近にある文字や記号などに興味や関心を持ち，それを使おうとすることができる ・言葉の面白さや美しさに気付き，自ら使って楽しむことができる	・自分や友達の表現した物を互いに聞き合ったり，見せ合ったりして楽しむことができる ・材料や用具を目的に合わせて遊び，友達と協力して描いたり作ったりすることができる

Ⅳ期 … 1月・2月・3月

環境構成	家庭との連携
・グループやクラス全体で創作や表現を楽しめるような遊びを取り上げたり，達成感を味わえるような環境を工夫したりする ・就学に向け，自分の生活を振り返り，一人一人が目あてを持ち，達成できるようにしていく ・残りの園生活が充実できるよう，一人一人が家族やクラスの仲間にとって，かけがえのない存在であることを感じ取れるようにする	・在園中にできた友達が親にとっても子どもにとっても大切な宝物であることを伝え，残り少ない園生活を十分に楽しめるよう，家族でも話題にしてもらう ・就学への不安を取り除くため子どものよさを十分に知らせ，期待を持って入学できるように励ましていく

6章　保育の中で育つ人と関わる力Ⅱ　　187

2　ルールのある遊びを通して，多くの友達と遊ぶ楽しさを味わう

a　事例：「バケツリレーをするよ」

　　　7月2日

　　小夜，友香，基夫，奈津子，庄司の5人は，それぞれ手にバケツを持ち，水を汲んではすべり台の上に運んでいた。何をするのかと思って見ていると，5個のバケツが揃った時，「いっせーので」のかけ声でバケツを倒した（①）。水が一斉に流れだす。その流れに身を任せ，庄司がすべっていく。「次はもっくんの番ね」と小夜が言った。保育者はしばらくその様子を見ていたが（②），もっとたくさんのバケツがあるといいと思い，遊具庫からバケツを出し，近くに積んでおいた（③）。小夜が10個程度おかれたバケツに気が付き，友香と一緒に走って取りにきた。そして，全部のバケツを持っていくと，水道のところへ行き，「バケツリレーするよ！」とすべり台の近くにいた子どもに声をかけた（④）。基夫や庄司が「なになに？」と駆け寄り，バケツリレーの意味を小夜に尋ねた（⑤）。小夜は，「しょうくんは，ここにいてね。つぎは，もっくんね」と友達を並ばせながら説明していた。「いくよ，それー！」。次々に水が入ったバケツが手渡され，すべり台の上に水が溜まっていった。

b　保育者の考察

　1人1個ずつ，バケツを持って苦労しながら水を運んでいく姿が印象的でたくましく思ったが，2個ずつは持っていけると思ったので余分にバケツを出した。しかし，保育者の思いとは違い，バケツリレーを考えていた小夜は，その考えをみんなに伝えた。1人ずつ水を運ぶことで苦労していた姿から，リレーという遊びに変わってしまって少し残念な思いもしたが，バケツがたくさんあることで遊びを思いついた小夜のアイデアが，この遊びに刺激を与え，活気付いた。すべり台は，みんながすべる場所として存在するので，水を流して遊ぶこと自体が迷惑である。しかし，暑いこの時期，市民プールや娯楽施設で流れるすべり台を経験し，その感覚で遊びも思い付いていくだろう。それなら水が

楽しい今の時期，すべり台を流れるすべり台にかえてしまうのも１つの方法である。今後，機会を見て，すべり台にホースを取り付けて水を流し，その下の砂場にビニールシートを張り，水が溜まるように環境を考えていく必要がある。子どもの姿から環境を考えることも大切な援助である。

c 読み取り

①全員のバケツが揃ったことを確認してから水を流している小夜たちの姿から，小夜たちが遊びの過程において，自分たちでルールを設けながら遊びを進めている様子がうかがえる。

②小夜たちの遊びにもどかしさを感じていながらも，そこに介入せず，遊びを見守っている保育者の姿から，保育者が小夜たちに自分たちで遊びの幅を拡散させていってほしいと願っている様子がうかがえる。

③小夜たちの近くに黙ってバケツを配置している保育者の姿から，保育者が間接的な関わりによって小夜たちの遊びを発展させようとしている様子がうかがえる。

④新たに入手したバケツで友達にバケツリレーを提案している小夜の姿から，小夜がモノ（バケツ）を媒介にして新しい遊びを見出し，友達と一緒に先の目的(すべり台の上に水を溜める)を達成しようとしている様子がうかがえる。

⑤小夜の提案に興味津々の基夫らの姿から，基夫らが小夜の提案に刺激を受け，みんなで小夜のイメージを共有して，目的を達成しようとしている様子がうかがえる。

d まとめ

５歳頃になると，物や場所を媒介にして，１人ではできなかったことが友達と一緒だからできるようになったことを喜んだり，友達との関わりを楽しんだりして遊ぶことができるようになる。

今回，小夜たちは，各々が自分のバケツに水を汲んですべり台に運び，全員のバケツが揃ったところで一斉に水を流して，その流れに身を任せてすべり台をすべっていくという遊びを楽しんでいた。しかし，保育者の環境構成によって追加されたバケツが，小夜のアイデアによってバケツリレーへと展開し，５

人が全員で協力して水を運ぶという遊びに変化している。ここで重要なのは保育者が行った環境の再構成である。保育者は，小夜たちが個々のバケツを使って水を運ぶという活動がとても要領悪く思えたのだろう。しかし，ここで別の方法を提示してしまうことは折角，同じ目的を持って遊んでいる子どもたちの育ちを邪魔してしまうとでも感じたのだろうか，子どもたちの遊びに対する自発性を最優先して，間接的な立場に立って遊びの場を構成している。それがバケツの追加という再構成である。これにより，小夜たちの遊びは個々で水を運ぶといった作業から，小夜の指示に従ってみんなが1列に並び，水の入ったバケツを順番に次の人に渡していくという，1つの作業を協力して行う活動へとつながっていったのである。つまり，先の遊びの段階で保育者が水の運び方について指示を出していたら，バケツリレーは発生しておらず，集団で協力しながら活動を楽しむといった姿，経験は生まれなかったのである。

　バケツ1つにおいても遊びの内容やシチュエーション，友達との関わり方は大きく変化するということである。保育者は集団生活の中で，一人一人の子どもが相互に影響し合い，工夫，協力し合えるような援助を行っていくことが必要である。

3　友達と遊びながら，相手の気持ちを察する

a　事例：「りさちゃん，なんかイヤそうだよ」

───　9月3日

　理沙，芽衣子，千春，美奈子は年長になってから誘い合って遊ぶようになった。一見，口数が少ないように見える芽衣子が，このグループのリーダー的な存在で，遊びを決めたり，他の3人の話に耳を傾けている様子だった。ある日，トイレットペーパーの芯を夏子が見つけた。夏子は以前，このグループと一緒に遊んでいたが，最近は別の友達と遊んでいる（①）。8個あったトイレットペーパーの芯は，夏子，芽衣子，美奈子が2個取り，理沙と千春が1個ずつ手にした。夏子が保育者に「先生，セロファンちょうだい」と言う。望遠鏡を作りたいらしい。それぞれ好きな色を取り，芯

の先に付けた。夏子はみんなができた頃を見計らいながら（②），「さぁ，みんな探検にいくよ！」と言った。理沙は1つの芯を持ったまま，セロファンも取らないで立ったままである。保育者が理沙に働きかけようとすると（③），その前に芽衣子が，「ちょっと待って。理沙ちゃん，なんだかイヤそうだよ」と理沙に駆け寄った（④）。そして「理沙ちゃん，どうしたの？作れないの？」と尋ねるが，理沙は首を横に振る（⑤）。芽衣子は理沙の手を見て（⑥），アッと思い，「芯が1個しかないんだね」。理沙は涙顔でうなずいた（⑦）。そして「先生にもらってこよ（⑧）」と2人して，保育者のところにやってきた（⑨）。

b　保育者の考察

　理沙は口数が少なく，自分の気持ちを友達に言うことまではできていない。この時も，どうしたらよいのか分からなかったのだろう。芽衣子と理沙は，年中の後半から一緒にいることが増えている。相手の表情から気持ちを分かってあげようとするところに，この2人の関わりの深さを感じる。理沙には今後，もっと自分の気持ちを言葉で言ってほしいという願いがあるが，今は芽衣子と一緒にいることが理沙の安定感となっているようなので，あまり慌てず，もう少し理沙と芽衣子の関係を温めていきたいと思った。

c　読み取り

①遊び友達が変容している夏子の姿から，夏子が楽しい遊びをするために，友達を選択して，居心地のよい仲間を求めている様子がうかがえる。

②友達の様子を気にかけながら遊びを進めようとしている夏子の姿から，夏子が自分の感情を抑えて（自己統制力），友達との協同関係を意識している様子がうかがえる。

③理沙の様子を見て即座に理沙に問いかけようとしている保育者の姿から，保育者が理沙の心情理解を抜きにして，早急な問題解決に到ろうとしている様子がうかがえる。

④急いで理沙のもとに駆け寄る芽衣子の姿から，芽衣子が日々の関わりの中で

理沙の性格に気付き，言葉よりも先に理沙の気持ちに寄り添おうとしている様子がうかがえる。

⑤芽衣子の言葉がけに首を振って応える理沙の姿から，理沙が芽衣子に自分の気持ちに気付いてくれたことに嬉しさを感じて応答する反面，それを言葉で伝えられないことに葛藤している様子がうかがえる。

⑥理沙の反応を冷静な目で俯瞰している芽衣子の姿から，芽衣子が理沙の気持ちに立って今回の要因を考えようとしている様子がうかがえる。

⑦芽衣子の問いかけに涙顔でうなずく理沙の姿から，理沙が芽衣子を自分の理解者として受け入れ，感情を通わせている様子がうかがえる。

⑧理沙に保育者のところへ行くよう促している芽衣子の姿から，芽衣子が問題解決の具体的な手口として，保育者を利用している様子がうかがえる。

⑨２人揃って行動する姿から，理沙と芽衣子が互いに親しみを感じ，友達同士の交流を深めている様子がうかがえる。

　d　まとめ

　保育者は子どもが困った場面に陥ると即座に声をかけて，目先の解決策を先導してしまいがちである。今回のケースも，立ったまま動けないでいる理沙に保育者が声をかけて，ことの真意を確認しようとしている。この関わりについて保育者は考察の中で，「理沙は口数が少なく，自分の気持ちを友達に言うことまではできていない。この時も，どうしたらよいのか分からなかったのだろう」という記述がなされているが，これは，理沙＝口数が少ない，したがって，理沙は自分の気持ちを言葉で表現することは難しいので，保育者が確認すべき，と受け取れるような表記となっている。さらに，「理沙には今後，もっと自分の気持ちを言葉で言ってほしい」という思いも込められている。つまりこれは，保育者が理沙に対して，自分の気持ちを言葉で表現できる子どもになってほしいと願う反面，５歳児にもなって未だに自分の思ったことが言葉で話せない状態にある理沙を「困った子ども」として捉えている様子もうかがえる。

　しかしながら，自分の気持ちを伝える手段というのは本来，話し言葉だけではなく，非言語コミュニケーションとして行動の一部にもしばしば見受けられ

るものである。幼児教育では、個々の特質に応じた関わりによって対応に当たっていかなければならないことが基本とされているが、今、保育者は理沙に自分の気持ちを言葉で伝えることばかりを強要してしまっており、理沙の内面を引き出していこうとする具体的な関わりについての記述が欠落してしまっている。

　通常、多くの子どもたちは様々な経験を積んでいくと、その分、感情のやり取りや衝突も多くなるため、夏子のように自分の感情を抑えたり、その時々の気持ちを言葉や態度で表出したりしながら臨機応変な対応がとれるようになっていく。しかし、芽衣子や理沙のように通常から口数が少ない子どもたちは、言葉の代わりに非言語コミュニケーションを駆使しながら自分の気持ちを必ず表出しているはずである。そう考えてみると、芽衣子が理沙に対して行った関わりは保育者と相反する関わりで、言葉ではなく心情理解が最優先されている。これは、日頃、保育者から口数が少ないとされている芽衣子と理沙が同じ気持ちを共有するもの同士、同じ視点に立って、気持ちを同調させることができた現れなのかもしれない。

　社会的なスキルを身に付けさせたいがゆえ、保育者の願いばかりを子どもに求めても効果を得ることは難しいというこの事例、保育者は子どもの心の葛藤を解きほぐしていくため、自らが子どもの気持ちに同調して関わっていく姿勢が必要なのである。

4　自分の気持ちばかり主張するのではなく、相手の気持ちも聞こうとする

a　事例：「なんか、いんちきっぽい」

　　10月16日

　「おーい、サッカーやるよー」と正樹が言った。ボール遊びの好きな、守、秀樹、それに正樹のいつもの仲間の晋、健次、誠二が集まった。「チーム決めよう！」「グーとパーでじゃんけんぽん」。ここ最近、続いているサッカーは、このような人数決めから始まる。その日は、いつもと少し違って、奈都子、麻央が参加していた。じゃんけんでチームを決めて試合が始まっ

た。何試合目かでチームを変える時，奈都子が言った。「<u>いっつも，まさきくんとしんくんとけんじくんとせいじくんって，いっしょになるねぇ。なんか，いんちきっぽい（①）</u>」。そういえば，昨日もこの4人は一緒だった。奈都子に言われ，正樹がちょっと慌てる。どうやらじゃんけんの前に何を出すか，4人で打ち合わせをしていたらしい。奈都子と麻央に詰め寄られ白状したが，その時，守が言った。「<u>そんなこと，ぼくは最初から分かってたけど，言わんかった（②）</u>」。

b　保育者の考察

　今までにもこんなことがあり，その時は保育者が，それはおかしいよと意見してきたこともある。しかし，その場は保育者の言うとおりになるが，次にはまた元の様子に戻ってしまう。遊んでいる子どもたちは，道理は分かっていても，遊びに夢中になると自分たちの都合のいいように変えていってしまうのである。この日もそんな具合で，保育者はしばらく様子を見ていた。奈都子はごく自然に自分の感じたことを言ったまでだが，保育者が言うのとはわけが違い，正樹たちの心に沁みたようだ。守は，インチキと思っていても，いつものことだと諦めていたのかもしれない。そのいつもの遊びに新しい仲間が加わることで，その雰囲気が変わり，今まで言えなかったことでも言えたのだと思った。

c　読み取り

①正樹たちの（うそだし）じゃんけんに疑問を抱き，その真意を確かめようとしている奈都子の姿から，奈都子が問題解決に向かって，保育者の介入なくとも言葉を用いて友達と交渉できる力を育んでいる様子がうかがえる。

②正樹たちの（うそだし）じゃんけんに，特段，気にする様子もない守の姿から，守と奈都子の遊びが，両者別々の目的（守：「サッカー遊び」が目的，奈都子：「友達と一緒に遊ぶ」ことが目的）であった様子がうかがえる。

d　まとめ

　一概に子どもが遊ぶといっても，そこには様々な相互交渉が必要となる。しかし，子どもがこの相互交渉を可能にしていくのはそうたやすくなく，いろい

ろな能力を身に付けなければならないことになる。そこで必要になるのが遊び
を理解する保育者の援助である。

　この事例では、サッカー遊びを提案した正樹たちのもとへ、奈都子・麻央が
加わり、チーム決めのじゃんけんにおいて、正樹たちの行動に疑問を抱いたこ
とから始まっている。奈都子は、これを「いんちきっぽい」と表現しているこ
とから、遊びの中にルール（いいこと・悪いこと）を意識している様子がう
かがえる。その一方、正樹たちのサッカー遊びに先に参加していた守や秀樹は、
正樹たちのうそだしじゃんけんには寛容で、「知っていたけど、言わなかった」
と表現していることから、遊びのメンバーへのこだわりはなく、ボールを使っ
た遊びそのものに興味が向けられていることが分かる。また、正樹たちからし
てみれば、もともと4人グループで一緒に遊んでいたところへ守、秀樹、奈都
子、麻央が入ってきたので、仲間を結束させて、自分たちだけの遊びを楽しも
うとしている様子がうかがえる。つまり、ここには、正樹、奈都子、守それぞ
れのグループにおいて、それぞれの遊びの目的があり、ズレが生じていること
が分かる。

　このような場合、保育者は子どもたちの遊びに介入し、遊びが継続していく
よう、それぞれの考えや思いを主張させたり、調整させたりして、試行錯誤の
経験を積ませていくことが必要なのである。しかし、〈保育者の考察〉の中で
保育者は、「今までにもこんなことがあり、その時は保育者が、それはおかし
いよと意見してきたこともある」とあるのみで、正樹や奈都子たちの考えのズ
レには触れていない。これでは、ことの善し悪しを言葉だけで学習させようと
しているに過ぎず、友達同士で折り合いを付けさせていく力は育まれないこと
になる。これらのことから、保育者は、子ども同士のつながりを広げ、深まり
を持たせていくため、遊びの中での課題を明らかにして関わっていく援助が必
要なのである。

6章　保育の中で育つ人と関わる力Ⅱ　　195

5　同じ目的に向かって，共にアイデアを出したり，力を合わせたりすることができる

a　事例：「いまのボールはぼくのやもん」

────11月5日────

　「ドッジやろ〜」「先生も一緒にやってー」とドッジボール遊びを楽しみにしている子どもが増えてきた。2つのチームに分かれ，ボールに当たったら外野に出るというルールは分かり合っているが，まだ自分たちだけでは不安な部分もあるようで，保育者を誘ってから，このドッジボールは始まる。今日のドッジボールは15人くらいの人数で始まった。「ピー」とみんなで合図をしてからゲームが始まった。外野には，信夫，光男，陽介がいた。コートの外へ転がっていくボールを3人で取り合っていた（①）。「ぼくのや！」と言い合って，3人ともボールから手を離さなかった（②）。保育者が，「じゃぁ，3人でじゃんけんしよう（③）」と言うと「そうか」とじゃんけんをし，信夫のボールになった。そんなことが3，4回繰り返された後，光男が泣いてボールを離さなかった。陽介が「じゃんけんだよ」と言う。しかし光男も引き下がらず，「だって，ぼくが一番はじめに追いついたんだもん。あとからみんなが追いついてきた」と言った（④）。保育者はドッジボールを中断して，みんなの前で光男に自分の気持ちを話させた（⑤）。そして，光男を囲んで「一番はじめにボールに追いついた時は，その子のボールだね」と確認し合った。その後のゲームでは，「今のは○○くんのボールだね」と，見ていた子が審判してくれるようになった（⑥）。

b　保育者の考察

　光男は今まで，友達と遊ぶ姿はほとんど見られず，1人で虫採りをすることを好んでいた。友達を嫌がる様子はないが自分から関わりを持つこともなかった。そんな光男がドッジボールに興味を持った。保育者は光男が集団遊びに興味を持ったことを嬉しく思うと共に，友達のよさ，面白さを伝えていこうと思っ

た。そんな時に，ボールを取り合う事件が起きた。保育者はこの場面を大切に
したいと思った。しかし，自分が光男にしてきた関わり方を思いかえすと反省
することがたくさんある。3人でボールの取り合いをした時，遊びを壊したく
ないという思いから「じゃんけんしよう」と言ってしまったが，もう少し，子
どもたちの意見を聞くことのほうがよかったと思う。保育者が引っ張っていく
こともあるが，この場合は，遊びがすでに子どもたちのものとなりつつあった
ので，トラブルの解決を子どもに任せたほうが適切であった。子どもの出方を
見てから，1つの意見として提案していくことが大切だと感じた。

　c　読み取り

①②同じチームでボールの取り合いをしている姿から，信夫たちがドッジボー
　ル遊びを通して場の共有はできているが，ルールに対するイメージの共有が
　できていない様子がうかがえる。

③信夫たちのトラブルをじゃんけんで解決させようとしている保育者の姿から，
　保育者が信夫たち（小集団）のトラブルよりもドッジボール遊び（大集団）
　の流れを優先している様子がうかがえる。

④ボールの取り合いが激しくなり，同じチームでありながらいがみ合いが見ら
　れるようになっている姿から，ドッジボール遊びが崩壊しつつある様子がう
　かがえる。その反面，信夫たちが，それぞれが自分の主張を言い合うことに
　よって，遊びを成立させるために自分たちでルールを作り始めようとしてい
　る様子もうかがえる。また，自分たちだけでは何ともしがたい状況に葛藤し
　て，保育者の助言を待っている様子もうかがえる。

⑤ドッジボール遊びを中断して，信夫に自分の気持ちを主張させようとしてい
　る保育者の姿から，保育者が信夫の主張から，遊びを継続させていくために
　必要なルールを子どもたち同士で気付かせていこうとしている様子がうかが
　える。

⑥保育者の介入なくしてドッジボールを継続できるようになっている姿から，
　子どもたちがドッジボール遊びのルールを共有して，集団で遊ぶ楽しさを形
　成し始めている様子がうかがえる。

6章　保育の中で育つ人と関わる力 Ⅱ　197

d　まとめ

　信夫に気持ちを主張させるといった保育者の介入により，この後，ドッジボールは子どもたちだけで見通しを持ちながら楽しめるようになっていった。5歳頃にもなると，活発に自分の意見を言うことができ，相手の異なった意見や物の見方も受け入れることができて，問題を一緒に解決していこうとする力が見えてくるということであろう。しかしながら，最初の保育者の介入はどうであっただろうか。当初，保育者はボールの所有をめぐって困惑している信夫らよりも，いかに効率よく遊びを進めていこうかと，他の子どもたちの気持ちを優先する指示を出してしまっている。その結果，同じ仲間でありながら横のつながりが途切れてしまうことになった信夫たちは，気持ちが乱れ，何度もいざこざを起こしている。遊ぶ条件が整っていたにもかかわらず，遊びが成立しなかったのは，外野のルールが十分共有できていなかったからであろう。集団でルールを共有する遊びともなれば，相手の存在を意識することに加え，自分の存在も主張して，遊びの目的を共有しなければならないことになる。しかし，それがそうたやすいものではないことをこの事例は物語っている。このことから，5歳児であっても場と状況に応じて保育者の介入は必要であり，折り合いを付けさせていくような体験を計画的に仕掛けていくこともまた必要なのである。

6　卒園を前にした課題に対して，自分なりに取り組もうとする

a　事例：「せんせい，そんなこと聞かんでもいいんやよ」

　2月19日

　律子，梨花，芽衣，美月，千絵，明菜のグループは，生活発表会の中で，ブレーメンの音楽隊の劇をしようと決め，1月の中旬から練習に取り組んでいた。梨花のリードで早く出来上がり，6人共に演じることの楽しさを味わいながら生活の中の遊びになっていった。律子は人前で話すことが苦手で，声も小さかったが，6人の中にいるから何とかやっていける，そんな様子だった（①）。この日は土曜日で父親の保育参観の日だった。遊戯室でお父さんたちにも劇を観てもらおうと梨花は張り切っていた。律子

はロバの役で出番は最初である。保育者は，ちゃんと言えるかなと心配して見ていた（②）が，やはりセリフに詰まってしまっていた（③）。いつもならすぐ助けにくるはずの５人も動かない（④）。みんなが見ているので緊張しているのだろうと思い（⑤），しばらく待ってから保育者が律子に近寄った（⑥）。「りっちゃん，言える？（⑦）」と尋ねると，「うん。言えるよ」と意外にあっさり答えた（⑧）。その後すぐに，「じゃぁ，ぼくたちと一緒にブレーメンへ行こう」というセリフを言った。あぁ，よかった（⑨）。と思っているところへ観客として観ていた陽子が来て，「せんせい，りっちゃんね，言えるんやで，そんなこと聞かんでもいいんやよ」と言った（⑩）。そして劇が終わった時，明菜が言った。「りっちゃん，言えるんやから，自分で言いたいんやから黙っとってね（⑪）」。

b　保育者の考察

　律子がつまずいたと思ったのは保育者だった。陽子は律子とそれほど親しい仲ではないのに，律子がセリフを言えると信じていた。律子と仲良しの明菜も保育者が口をはさんだことに抗議した。この２年間，保育者なりに律子や律子の仲間を見てきたつもりだった。しかし，保育者の捉え方以上に律子は周囲の子どもたちに理解され，信じられていた。今の時期，生活発表会という機会を持つことは，友達と取り組む中で新たな自分や友達を見つけていける場となっていることを，子どもたちから教えられたような気がする。卒園間近になり，みんなで１つのことをしようとする気持ちが高まっている。残り少ない園生活，子どもたちと大切に関わっていきたい。

c　読み取り

①律子の育ちを記述している保育者の所見から，保育者が律子を気になる子どもとして評価している様子がうかがえる。

②開幕直前まで律子がセリフを話せないのではないかと心配している保育者の姿から，保育者の真意が律子ではなく，律子の行動によって劇の進行に不具合が生じるのではないかと，劇の出来栄えや他者評価を意識している様子が

うかがえる。

③律子がセリフを言わず，立ったままの状態でいることを「やはり」と記述している保育者の姿から，保育者が律子の“できる”という可能性を無視している様子がうかがえる。

④律子の助けに入らない梨花らにやきもきしている保育者の姿から，保育者が律子の対応を普段から梨花らに任せきりにしていた様子がうかがえる。

⑤律子の助けに入らない梨花らを，「緊張している」と解釈している保育者の記述から，保育者の幼児理解が一側面に留まっている様子がうかがえる。

⑥律子のそばに移動した保育者の姿から，保育者が律子にセリフを教えて，劇を進めていこうとしている様子がうかがえる。

⑦律子にセリフが言えるかどうか確認している保育者の姿から，保育者がここでも律子の可能性を無視して関わっている様子がうかがえる。

⑧保育者の問いかけに対して即答している律子の姿から，律子が当日の劇に喜んで参加している様子がうかがえる。

⑨律子がセリフを言えたことに安堵している保育者の姿から，保育者が律子の成長よりも，劇の進行に支障をきたさなかったことに安心している様子がうかがえる。

⑩保育者のもとに駆け寄り，律子をフォローしている陽子の姿から，陽子が保育者の言動に不信感を抱いている様子がうかがえる。

⑪劇終了後の明菜のコメントから，明菜が，保育者が劇中，律子に向けた言動に対して憤りを感じている様子がうかがえる。

　d　まとめ

　保育者は，日々の保育の中で気になる子どもを作りだしてしまうことがしばしば見受けられる。気になる子どもとは，保育者が保育の中で子どもの状態を推し量る基準になっており，他児とは異なった逸脱した行為，注意を要する保育用語にもなっている。しかし，子どもの捉え方はすべて保育者の子ども観に委ねられているため，ここには大きな危険性も孕んでいる。

　今回，なかなかセリフを発しようとしなかった律子に対する保育者の関わり

は，一見すれば誰しもがやってしまいそうな関わりであり，ここには決して悪気があったわけではないだろう。しかし，保育者の援助には，保育参観という1つの行事を成功させていくために向けられた対応であったことも事実である。保育者は，子ども同士が協力して作り上げた行事を何とか成功させてやりたいと思うものだが，子どもは友達と協力することで，全体で協力することの喜び，そして友達同士の育ち合いを楽しんでいるのである。少なくとも，保育者にしてみれば律子は気になる子どもであったにしても，梨花らにすれば，律子は普段から自分たちと行動を共にする気の合った大切な仲間として受け入れられていることが分かる。にもかかわらず，保育者が試みた「りっちゃん，言える？」という援助は，梨花らの気持ちと相反するものであり，結果，保育者は梨花らの反感を買うことになっている。これらのことから，保育者が日常保育において固定化した子ども観を持ってしまうと，子どもたちの思いや子ども同士の人間関係を崩すことにもなりかねないのである。保育者は自分の子ども観を自覚し，見直していくことが必要なのである。

4節　月週案の例

1　3歳児5月第3週指導計画

子どもの姿	・園生活の流れが分かってきて，保育者の声がけや手助けによって，自分でやろうとする姿が見られる ・自分の好きな遊びを見つけて遊べる子もいるが，まだ好きな遊びを見つけられず，戸惑っている子もいる ・暑い日は，スモックを脱いでたたんでしまうことを，保育者と一緒にやろうとする	家庭との連携	・汗をかきやすくなるので，着替えを持ってきてもらうよう伝える ・一緒に遊んでいる友達の名前を保護者に知らせて安心してもらうようにする
週のねらい	・保育者と一緒にいろいろな場所や遊びに興味を持つ ・同じ遊びを通して，友達と遊ぶ楽しさを感じ始める ・園外でのルールを知り，戸外で友達と一緒に体を動かして遊ぶ楽しさを知る	行事	10日（火）避難訓練

内容	環境構成	予想される子どもの姿	援助と配慮
・保育者や友達と一緒に遊び，親しみを持つ ・汗の始末や水分補給の仕方を知る	・粘土，砂，土，紙，パス，絵の具など，いろいろな素材の感触や色などを楽しんだりできるように誘いかけたり，用意したりしていく ・遊戯室で遊ぶ機会も持つ ・水分補給や休息する時間を十分設ける	・目についたものを次々と触って，それらを使って，思い思いに遊ぼうとする ・保育者の真似をしながら遊ぶが，見ているだけの子どももいる ・遊びの中で，リズムや音をよく聞くようになる ・リズム運動の時は，自分より年上の子どもがやる姿をよく見て，順番を待っている ・保育者に介助してもらいながらやろうとする ・保育者と一緒に衣服の調節をする。同時に脱いだ服の始末を自分でもやろうとする ・汗をかいたら，拭いたり，洗顔したりする	・元気に遊んでいた子どもも何気ないことから不安を募らせてしまうこともあるので，一人一人の表情や様子に気を付けて関わる ・友達を意識できるような言葉がけをしていく ・遊びの中でルールを理解していけるよう伝えていく ・保育者がモデルとなり，楽しんで見本を見せていく ・やりたがらない子どもには無理強いはせず，他児の姿を見るよう促していく ・声をかけて知らせ，服の脱ぎ方やたたみ方を丁寧に知らせていく ・水筒のお茶も，こまめに適量ずつ飲めるよう，声をかけて知らせていく

週の反省	自己評価
不安になっている子どもにはスキンシップを多くとって関わることができたが，子どもによって関わり方の度合いに大きな差が生じてしまったので均等に関われるようにしていきたい	友達同士の関係が広がってくると，衝突も増えるため，互いの気持ちに気付けるよう様子を見ながら仲介に入っていった

2　4歳児12月第2週指導計画

子どもの姿	・保育室で箱や紙を使って，イメージしたものを作って遊ぶ姿がよく見受けられる。また片付けの時間になると，ほとんどの子どもが自分から片付けられるようにもなってきた ・自分たちで基地を作って，ままごとの家にしたり，お店屋さん，戦いごっこをしたりして遊んでいる ・帰りの会でゲームをしたがる子どもが増えてきている	家庭との連携	・家庭においても，手洗いやうがい，薄着の習慣が身に付くよう，お願いする
週のねらい	・冬の自然に触れ，季節の変化に気付く ・自分のしたいことに力を発揮し，友達と一緒に遊びを進める ・気の合う友達の中で自分を主張し，時にはけんかをして，相手とのつながりを持とうとする	行事	6日（火）交通安全指導

内容	環境構成	予想される子どもの姿	援助と配慮
・身近にあるものを取り入れて遊ぼうとする ・生活の中で自分たちがやりたいことや，考えたことを友達や保育者に伝えて行動していく	・散歩などで集めた葉を色，形，大きさなどに分類しておき，遊びのイメージが膨らむようにしておく ・園庭の落ち葉をすぐに片付けず，子どもが自然物に触れる機会を大切にしていく ・友達への関心が高まってきているので，友達の動きが見渡せるよう，子どもの動線と目線を考えながら遊びの空間を整えていく	・分類されたどんぐりを手でかき混ぜて感触を楽しむ ・廃材と自然物を組み合わせて手作りおもちゃに挑戦しようとする ・自然物をビニール袋に入れることを喜ぶ ・ドカンじゃんけんやはじめの一歩など，親しんできた遊びを自分たちだけでしようとする ・気の合う友達と誘い合って遊ぶ ・友達のしていることや提案に耳を傾けて，一緒に遊ぼうとする	・分類した自然物は，子どもの目につくところに置き，いつでも遊びに活用できるようにしておく ・廃材なども，子どもの手で扱いやすい大きさを考え，イメージをかきたてるような素材を用意しておく ・自然物に触れる機会を大切にしていく ・子どもたちだけで遊んでいる時はむやみに入らないで，成り行きを見守るようにする ・考え方の違いで衝突が起きた場合，危険でなければ見守る ・子どもたちが始めようとしている遊びを大切にし，保育者も仲間に加わって，遊びの雰囲気を高めていく

週の反省	自己評価
子どもたち同士でトラブルを解決させようとした結果，自分の思いを通そうとし過ぎて，手を出してしまう姿があったので，気持ちを言葉で伝えられるようにしていきたい	遊びの中でのトラブルで，保育者がすぐに出て解決するのではなく，双方の思いがしっかり出せるよう働きかけた

6章 保育の中で育つ人と関わる力 Ⅱ 203

3 5歳児7月第1週指導計画

<table>
<tr>
<td>子どもの姿</td>
<td>・仲良しの友達と遊びが長時間続き，リーダー格の子どもが遊びを仕切る雰囲気が出てきている。その一方，不満を持つ子どもも増えてきて，トラブルになることが多い
・友達と一緒に，紙や空き箱，テープなどの素材を生かし，イメージしたものを作ろうとする</td>
<td>家庭との連携</td>
<td>・水遊びやプール遊びが中心になることを知らせ，健康管理や生活に気を付けるよう連絡をする</td>
</tr>
<tr>
<td>週のねらい</td>
<td>・砂，水，泥の感触を十分に味わい，友達とダイナミックに遊ぶ
・身近な素材を使って，遊びに使うものを工夫して作り，友達と一緒に遊ぶ
・友達と共通の目的を持ち，相談したり，工夫したりして遊びを進める</td>
<td>行事</td>
<td>3日（金）避難訓練</td>
</tr>
</table>

内容	環境構成	予想される子どもの姿	援助と配慮
・砂，水，泥の関係に気付く ・友達と共通の目的を持ったり，遊びの中で自分なりの目的を持ち，挑戦する ・イメージに合うものを作るために適した素材を選ぶ	・遊びに必要な素材を揃えておく ・素材が不足しないように用意すると共に，考えたことを実現しやすいよう，素材の分類を工夫する ・遊びのイメージを広げるため，絵本や紙芝居を用意しておく ・一人一人の気持ちを受け止め，一緒に喜んでいく	・友達と砂場で，大きな山や川，ダムなどを作る ・透明容器や牛乳パックに穴を開け，水がシャワーのように出るようにしたり，卵パックを使って水車を作ったりする ・筒や空き箱のバランスを考えながら組み合わせたり，つないだりして，遊びに必要なものを形にしていこうとする ・友達と相談したり，材料を選んだりして，自分のできることを探す	・保育者も子どもと一緒に遊びの仲間に加わり，ダイナミックに遊びを楽しんでいく ・砂や泥，水の感触を味わわせる中で，気付いたり，発見したことを認め，保育者が言葉にして再認識させて，周囲の子どもにも知らせていく ・友達と一緒に作業を進めることが大切なので，1人で作ることに熱中している子どもには，作ったものをほめながら，友達に気付かせたりして仲間に入れるよう援助していく ・クラス全体で遊ぶ時間やグループで活動する時間を設ける ・材料はどのように片付けたらよいか考えさせ，分類の方法に気付かせていく

週の反省	自己評価
子どもたちで解決させることを求めるがゆえに，無理な課題を与え過ぎてしまったかもしれない。子どもの活動を発展させていくために適度な刺激は必要だと思った	子どもの能力や育ちの違いを大切にすることを心がけ，保育者の即断を避け，子ども同士で話し合いをさせる場面を多く作っていった

資　料

幼稚園教育要領より「人間関係」関係部分抜粋
（2017（平成29）年3月31日告示）

第2章　ねらい及び内容

人間関係

他の人々と親しみ，支え合って生活するために，自立心を育て，人と関わる力を養う。

1　ねらい

⑴　幼稚園生活を楽しみ，自分の力で行動することの充実感を味わう。

⑵　身近な人と親しみ，関わりを深め，工夫したり，協力したりして一緒に活動する楽しさを味わい，愛情や信頼感をもつ。

⑶　社会生活における望ましい習慣や態度を身に付ける。

2　内　容

⑴　先生や友達と共に過ごすことの喜びを味わう。

⑵　自分で考え，自分で行動する。

⑶　自分でできることは自分でする。

⑷　いろいろな遊びを楽しみながら物事をやり遂げようとする気持ちをもつ。

⑸　友達と積極的に関わりながら喜びや悲しみを共感し合う。

⑹　自分の思ったことを相手に伝え，相手の思っていることに気付く。

⑺　友達のよさに気付き，一緒に活動する楽しさを味わう。

⑻　友達と楽しく活動する中で，共通の目的を見いだし，工夫したり，協力したりなどする。

⑼　よいことや悪いことがあることに気付き，考えながら行動する。

⑽　友達との関わりを深め，思いやりをもつ。

⑾　友達と楽しく生活する中できまりの大切さに気付き，守ろうとする。

⑿　共同の遊具や用具を大切にし，皆で使う。

⒀　高齢者をはじめ地域の人々などの自分の生活に関係の深いいろいろな人に親しみをもつ。

3 内容の取扱い

上記の取扱いに当たっては，次の事項に留意する必要がある。

(1) 教師との信頼関係に支えられて自分自身の生活を確立していくことが人と関わる基盤となることを考慮し，幼児が自ら周囲に働き掛けることにより多様な感情を体験し，試行錯誤しながら諦めずにやり遂げることの達成感や，前向きな見通しをもって自分の力で行うことの充実感を味わうことができるよう，幼児の行動を見守りながら適切な援助を行うようにすること。

(2) 一人一人を生かした集団を形成しながら人と関わる力を育てていくようにすること。その際，集団の生活の中で，幼児が自己を発揮し，教師や他の幼児に認められる体験をし，自分のよさや特徴に気付き，自信をもって行動できるようにすること。

(3) 幼児が互いに関わりを深め，協同して遊ぶようになるため，自ら行動する力を育てるようにするとともに，他の幼児と試行錯誤しながら活動を展開する楽しさや共通の目的が実現する喜びを味わうことができるようにすること。

(4) 道徳性の芽生えを培うに当たっては，基本的な生活習慣の形成を図るとともに，幼児が他の幼児との関わりの中で他人の存在に気付き，相手を尊重する気持ちをもって行動できるようにし，また，自然や身近な動植物に親しむことなどを通して豊かな心情が育つようにすること。特に，人に対する信頼感や思いやりの気持ちは，葛藤やつまずきをも体験し，それらを乗り越えることにより次第に芽生えてくることに配慮すること。

(5) 集団の生活を通して，幼児が人との関わりを深め，規範意識の芽生えが培われることを考慮し，幼児が教師との信頼関係に支えられて自己を発揮する中で，互いに思いを主張し，折り合いを付ける体験をし，きまりの必要性などに気付き，自分の気持ちを調整する力が育つようにすること。

(6) 高齢者をはじめ地域の人々などの自分の生活に関係の深いいろいろな人と触れ合い，自分の感情や意志を表現しながら共に楽しみ，共感し合う体験を通して，これらの人々などに親しみをもち，人と関わることの楽しさや人の役に立つ喜びを味わうことができるようにすること。また，生活を通して親や祖父母などの家族の愛情に気付き，

家族を大切にしようとする気持ちが育つようにすること。

保育所保育指針より「人間関係」関係部分抜粋

（2017（平成 29）年 3 月 31 日告示）

第 2 章　保育の内容

1　乳児保育に関わるねらい及び内容
　(2)　ねらい及び内容
　　イ　身近な人と気持ちが通じ合う
　　　受容的・応答的な関わりの下で，何かを伝えようとする意欲や身近な大人との信頼関係を育て，人と関わる力の基盤を培う。
　　(ア)　ねらい
　　　①　安心できる関係の下で，身近な人と共に過ごす喜びを感じる。
　　　②　体の動きや表情，発声等により，保育士等と気持ちを通わせようとする。
　　　③　身近な人と親しみ，関わりを深め，愛情や信頼感が芽生える。
　　(イ)　内容
　　　①　子どもからの働きかけを踏まえた，応答的な触れ合いや言葉がけによって，欲求が満たされ，安定感をもって過ごす。
　　　②　体の動きや表情，発声，喃語等を優しく受け止めてもらい，保育士等とのやり取りを楽しむ。
　　　③　生活や遊びの中で，自分の身近な人の存在に気付き，親しみの気持ちを表す。
　　　④　保育士等による語りかけや歌いかけ，発声や喃語等への応答を通じて，言葉の理解や発語の意欲が育つ。
　　　⑤　温かく，受容的な関わりを通じて，自分を肯定する気持ちが芽生える。
　　(ウ)　内容の取扱い
　　　上記の取扱いに当たっては，次の事項に留意する必要がある。
　　　①　保育士等との信頼関係に支えられて生活を確立していくことが人と関わる基盤となることを考慮して，子どもの多様な感情

資　料　　207

を受け止め，温かく受容的・応答的に関わり，一人一人に応じた適切な援助を行うようにすること。
② 身近な人に親しみをもって接し，自分の感情などを表し，それに相手が応答する言葉を聞くことを通して，次第に言葉が獲得されていくことを考慮して，楽しい雰囲気の中での保育士等との関わり合いを大切にし，ゆっくりと優しく話しかけるなど，積極的に言葉のやり取りを楽しむことができるようにすること。

2　1歳以上3歳未満児の保育に関わるねらい及び内容

(2)　ねらい及び内容

イ　人間関係

他の人々と親しみ，支え合って生活するために，自立心を育て，人と関わる力を養う

(ア)　ねらい

① 保育所での生活を楽しみ，身近な人と関わる心地よさを感じる。
② 周囲の子ども等への興味や関心が高まり，関わりをもとうとする。
③ 保育所の生活の仕方に慣れ，きまりの大切さに気付く。

(イ)　内容

① 保育士等や周囲の子ども等との安定した関係の中で，共に過ごす心地よさを感じる。
② 保育士等の受容的・応答的な関わりの中で，欲求を適切に満たし，安定感をもって過ごす。
③ 身の回りに様々な人がいることに気付き，徐々に他の子どもと関わりをもって遊ぶ。
④ 保育士等の仲立ちにより，他の子どもとの関わり方を少しずつ身につける。
⑤ 保育所の生活の仕方に慣れ，きまりがあることや，その大切さに気付く。
⑥ 生活や遊びの中で，年長児や保育士等の真似をしたり，ごっこ遊びを楽しんだりする。

(ウ)　内容の取扱い

上記の取扱いに当たっては，次の事項に留意する必要がある。

① 保育士等との信頼関係に支えられて生活を確立するとともに，自分で何かをしようとする気持ちが旺盛になる時期であることに鑑み，そのような子どもの気持ちを尊重し，温かく見守るとともに，愛情豊かに，応答的に関わり，適切な援助を行うようにすること。

② 思い通りにいかない場合等の子どもの不安定な感情の表出については，保育士等が受容的に受け止めるとともに，そうした気持ちから立ち直る経験や感情をコントロールすることへの気付き等につなげていけるように援助すること。

③ この時期は自己と他者との違いの認識が十分でないことから，子どもの自我の育ちを見守るとともに，保育士等が仲立ちとなって，自分の気持ちを相手に伝えることや相手の気持ちに気付くことの大切さなど，友達の気持ちや友達との関わり方を丁寧に伝えていくこと。

3 3歳以上児の保育に関するねらい及び内容

(2) ねらい及び内容

イ 人間関係

他の人々と親しみ，支え合って生活するために，自立心を育て，人と関わる力を養う。

(ア) ねらい

① 保育所の生活を楽しみ，自分の力で行動することの充実感を味わう。

② 身近な人と親しみ，関わりを深め，工夫したり，協力したりして一緒に活動する楽しさを味わい，愛情や信頼感をもつ。

③ 社会生活における望ましい習慣や態度を身に付ける。

(イ) 内容

① 保育士等や友達と共に過ごすことの喜びを味わう。

② 自分で考え，自分で行動する。

③ 自分でできることは自分でする。

④ いろいろな遊びを楽しみながら物事をやり遂げようとする気持ちをもつ。

⑤　友達と積極的に関わりながら喜びや悲しみを共感し合う。

⑥　自分の思ったことを相手に伝え，相手の思っていることに気付く。

⑦　友達のよさに気付き，一緒に活動する楽しさを味わう。

⑧　友達と楽しく活動する中で，共通の目的を見いだし，工夫したり，協力したりなどする。

⑨　よいことや悪いことがあることに気付き，考えながら行動する。

⑩　友達との関わりを深め，思いやりをもつ。

⑪　友達と楽しく生活する中できまりの大切さに気付き，守ろうとする

⑫　共同の遊具や用具を大切にし，皆で使う

⑬　高齢者をはじめ地域の人々などの自分の生活に関係の深いいろいろな人に親しみをもつ

(ウ)　内容の取扱い

上記の取扱いに当たっては，次の事項に留意する必要がある。

①　保育士等との信頼関係に支えられて自分自身の生活を確立していくことが人と関わる基盤となることを考慮し，子どもが自ら周囲に働き掛けることにより多様な感情を体験し，試行錯誤しながら諦めずにやり遂げることの達成感や，前向きな見通しをもって自分の力で行うことの充実感を味わうことができるよう，子どもの行動を見守りながら適切な援助を行うようにすること。

②　一人一人を生かした集団を形成しながら人と関わる力を育てていくようにすること。その際，集団の生活の中で，子どもが自己を発揮し，保育士等や他の子どもに認められる体験をし，自分のよさや特徴に気付き，自信をもって行動できるようにすること。

③　子どもが互いに関わりを深め，協同して遊ぶようになるため，自ら行動する力を育てるとともに，他の子どもと試行錯誤しながら活動を展開する楽しさや共通の目的が実現する喜びを味わうことができるようにすること。

④　道徳性の芽生えを培うに当たっては，基本的な生活習慣の形

成を図るとともに，子どもが他の子どもとの関わりの中で他人の存在に気付き，相手を尊重する気持ちをもって行動できるようにし，また，自然や身近な動植物に親しむことなどを通して豊かな心情が育つようにすること。特に，人に対する信頼感や思いやりの気持ちは，葛藤やつまずきをも体験し，それらを乗り越えることにより次第に芽生えてくることに配慮すること。

⑤　集団の生活を通して，子どもが人との関わりを深め，規範意識の芽生えが培われることを考慮し，子どもが保育士等との信頼関係に支えられて自己を発揮する中で，互いに思いを主張し，折り合いを付ける体験をし，きまりの必要性などに気付き，自分の気持ちを調整する力が育つようにすること。

⑥　高齢者をはじめ地域の人々などの自分の生活に関係の深いいろいろな人と触れ合い，自分の感情や意志を表現しながら共に楽しみ，共感し合う体験を通して，これらの人々などに親しみをもち，人と関わることの楽しさや人の役に立つ喜びを味わうことができるようにすること。また，生活を通して親や祖父母などの家族の愛情に気付き，家族を大切にしようとする気持ちが育つようにすること。

幼保連携型認定こども園教育・保育要領より
「人間関係」関係部分抜粋

(2017（平成29）年3月31日告示)

第2章　ねらい及び内容並びに配慮事項

第1　乳児期の園児の保育に関するねらい及び内容
ねらい及び内容
身近な人と気持ちが通じ合う

受容的・応答的な関わりの下で，何かを伝えようとする意欲や身近な大人との信頼関係を育て，人と関わる力の基盤を培う。

1 ねらい

(1) 安心できる関係の下で，身近な人と共に過ごす喜びを感じる。

(2) 体の動きや表情，発声等により，保育教諭等との気持ちを通わせようとする。

(3) 身近な人と親しみ，関わりを深め，愛情や信頼感が芽生える。

2 内容

(1) 園児からの働き掛けを踏まえた，応答的な触れ合いや言葉掛けによって，欲求が満たされ，安定感をもって過ごす。

(2) 体の動きや表情，発声，喃語等を優しく受け止めてもらい，保育教諭等とのやり取りを楽しむ。

(3) 生活や遊びの中で，自分の身近な人の存在に気付き，親しみの気持ちを表す。

(4) 保育教諭等による語り掛けや歌い掛け，発声や喃語等への応答を通じて，言葉の理解や発話の意欲が育つ。

(5) 温かく，受容的な関わりを通じて，自分を肯定する気持ちが芽生える。

3 内容の取扱い

上記の取扱いに当たっては，次の事項に留意する必要がある。

(1) 保育教諭等との信頼関係に支えられて生活を確立していくことが人と関わる基盤となることを考慮して，園児の多様な感情を受け止め，温かく受容的・応答的に関わり，一人一人に応じた適切な援助を行うようにすること。

(2) 身近な人に親しみをもって接し，自分の感情などを表し，それに相手が応答する言葉を聞くことを通して，次第に言葉が獲得されていくことを考慮して，楽しい雰囲気の中での保育教諭等との関わり合いを大切にし，ゆっくりと優しく話し掛けるなど，積極的に言葉のやり取りを楽しむことができるようにすること。

第2 満1歳以上3歳未満の園児の保育に関するねらい及び内容
ねらい及び内容
人間関係

他の人々と親しみ，支え合って生活するために，自立心を育て，人と関わる力を養う。

1 ねらい

(1) 幼保連携型認定こども園での生活を楽しみ，身近な人と関わる心地よさを感じる。

(2) 周囲の園児等への興味・関心が高まり，関わりをもとうとする。

(3) 幼保連携型認定こども園の生活の仕方に慣れ，きまりの大切さに気付く。

2 内容

(1) 保育教諭等や周囲の園児等との安定した関係の中で，共に過ごす心地よさを感じる。

(2) 保育教諭等の受容的・応答的な関わりの中で，欲求を適切に満たし，安定感をもって過ごす。

(3) 身の回りに様々な人がいることに気付き，徐々に他の園児と関わりをもって遊ぶ。

(4) 保育教諭等の仲立ちにより，他の園児との関わり方を少しずつ身につける。

(5) 幼保連携型認定こども園の生活の仕方に慣れ，きまりがあることや，その大切さに気付く。

(6) 生活や遊びの中で，年長児や保育教諭等の真似をしたり，ごっこ遊びを楽しんだりする。

3 内容の取扱い

上記の取扱いに当たっては，次の事項に留意する必要がある。

(1) 保育教諭等との信頼関係に支えられて生活を確立するとともに，自分で何かをしようとする気持ちが旺盛になる時期であることに鑑み，そのような園児の気持ちを尊重し，温かく見守るとともに，愛情豊かに，応答的に関わり，適切な援助を行うようにすること。

(2) 思い通りにいかない場合等の園児の不安定な感情の表出については，保育教諭等が受容的に受け止めるとともに，そうした気持ちから立ち直る経験や感情をコントロールすることへの気付き等につなげていけるように援助すること。

(3) この時期は自己と他者との違いの認識が十分でないことから，園児の自我の育ちを見守るとともに，保育教諭等が仲立ちとなって，自分の気持ちを相手に伝えることや相手の気持ちに気付くことの大切さなど，友達の気持ちや友達との関わり方を丁寧に伝えていくこと。

資　料　213

第3　満3歳以上の園児の教育及び保育に関するねらい及び内容
　ねらい及び内容
　　人間関係

　　┌ 他の人々と親しみ，支え合って生活するために，自立心を育て，┐
　　└ 人と関わる力を養う。　　　　　　　　　　　　　　　　　　　　┘

　1　ねらい
　⑴　幼保連携型認定こども園の生活を楽しみ，自分の力で行動することの充実感を味わう。
　⑵　身近な人と親しみ，関わりを深め，工夫したり，協力したりして一緒に活動する楽しさを味わい，愛情や信頼感をもつ。
　⑶　社会生活における望ましい習慣や態度を身に付ける。

　2　内容
　⑴　保育教諭等や友達と共に過ごすことの喜びを味わう。
　⑵　自分で考え，自分で行動する。
　⑶　自分でできることは自分でする。
　⑷　いろいろな遊びを楽しみながら物事をやり遂げようとする気持ちをもつ。
　⑸　友達と積極的に関わりながら喜びや悲しみを共感し合う。
　⑹　自分の思ったことを相手に伝え，相手の思っていることに気付く。
　⑺　友達のよさに気付き，一緒に活動する楽しさを味わう。
　⑻　友達と楽しく活動する中で，共通の目的を見いだし，工夫したり，協力したりなどする。
　⑼　よいことや悪いことがあることに気付き，考えながら行動する。
　⑽　友達との関わりを深め，思いやりをもつ。
　⑾　友達と楽しく生活する中できまりの大切さに気付き，守ろうとする。
　⑿　共同の遊具や用具を大切にし，皆で使う。
　⒀　高齢者をはじめ地域の人々などの自分の生活に関係の深いいろいろな人に親しみをもつ。

　3　内容の取扱い
　　上記の取扱いに当たっては，次の事項に留意する必要がある。
　⑴　保育教諭等との信頼関係に支えられて自分自身の生活を確立していくことが人と関わる基盤となることを考慮し，園児が自ら周囲に

働き掛けることにより多様な感情を体験し，試行錯誤しながら諦めずにやり遂げることの達成感や，前向きな見通しをもって自分の力で行うことの充実感を味わうことができるよう，園児の行動を見守りながら適切な援助を行うようにすること。

(2) 一人一人を生かした集団を形成しながら人と関わる力を育てていくようにすること。その際，集団の生活の中で，園児が自己を発揮し，保育教諭等や他の園児に認められる体験をし，自分のよさや特徴に気付き，自信をもって行動できるようにすること。

(3) 園児が互いに関わりを深め，協同して遊ぶようになるため，自ら行動する力を育てるようにするとともに，他の園児と試行錯誤しながら活動を展開する楽しさや共通の目的が実現する喜びを味わうことができるようにすること。

(4) 道徳性の芽生えを培うに当たっては，基本的な生活習慣の形成を図るとともに，園児が他の園児との関わりの中で他人の存在に気付き，相手を尊重する気持ちをもって行動できるようにし，また，自然や身近な動植物に親しむことなどを通して豊かな心情が育つようにすること。特に，人に対する信頼感や思いやりの気持ちは，葛藤やつまずきをも体験し，それらを乗り越えることにより次第に芽生えてくることに配慮すること。

(5) 集団の生活を通して，園児が人との関わりを深め，規範意識の芽生えが培われることを考慮し，園児が保育教諭等との信頼関係に支えられて自己を発揮する中で，互いに思いを主張し，折り合いを付ける体験をし，きまりの必要性などに気付き，自分の気持ちを調整する力が育つようにすること。

(6) 高齢者をはじめ地域の人々などの自分の生活に関係の深いいろいろな人と触れ合い，自分の感情や意志を表現しながら共に楽しみ，共感し合う体験を通して，これらの人々などに親しみをもち，人と関わることの楽しさや人の役に立つ喜びを味わうことができるようにすること。また，生活を通して親や祖父母などの家族の愛情に気付き，家族を大切にしようとする気持ちが育つようにすること。

索　引

ア　行

愛　着　52, 76 〜 78, 80, 82, 83, 97, 98, 107, 124, 131
愛着行動　77
愛着の個人差　78
愛着の発達過程　77
預かり保育　38
生きる力　4, 26, 38, 39
依存と自立　48
インプリンティング　78
ヴァンダー＝ヴェン　85
エインズワース　78, 80
エリクソン　94

カ　行

核家族（化）　16, 18, 20
過疎化　11
家族団らん　21, 23
家族の個別化　22
学校教育法　4, 32, 38
間主観性　74
感受期　78
感情理解　51
絆　15, 16, 45, 47, 76, 89, 97, 128
規範意識　4, 71
基本的信頼　94
教育課程　41
教育基本法　4, 23, 32, 38, 39
教育力（の）低下　10 〜 12, 14, 16, 20
協同遊び　87
協同する経験　48
クラウスとケネル　78
原始反射（新生児反射）　72, 76

合計特殊出生率　17
向社会的行動　113
心の理論　88, 109
孤食　22
子育て（の）支援（活動）　25, 31
ごっこ（ごっこ遊び）　32, 116, 144, 149, 154, 157, 158, 166, 171, 180, 202
5 領域　37, 54, 55, 59
コンピューターゲーム　23

サ　行

サラリーマン化　11
三項関係　75
自我　26, 63, 93, 97, 99 〜 103, 106, 108 〜 110
自己主張　89, 102, 103, 105, 114, 143 〜 146
自己中心的（自己中心性）　49, 51, 88, 89, 113, 169
自己統制力（自己統制）　51, 112
自制心　4, 71, 109
児童虐待　31
指導計画　34, 41, 120, 127, 134, 143, 151, 156, 170, 184, 200, 202, 203
児童福祉法　19
自発性　56, 70, 83
社会的規範　116
社会的スキル　89
社会的微笑　94
集団生活　26, 44, 47, 51, 82, 99, 105, 106, 116
少子化　16, 17, 20
新生児反射（原始反射）　72, 76
スキンシップ　120, 130, 141, 161
ストレンジ・シチュエーション法　78, 80
生活人力　29
成長プロセス　85

生理的早産（説）　71, 72, 75, 92
生理的（自発的）微笑　73, 94
ソーシャルネットワーク理論　81

タ　行

第一反抗期　103
高橋惠子　94
多文化共生　28
中央教育審議会（中教審）　4, 27, 71
定位　77
道徳性　41, 53
都市化　11, 13

ナ　行

喃語　93, 95, 120, 124, 127, 151
二項関係　75
人間関係の希薄化　3, 11, 13, 31

ハ　行

パーテン　87
発達過程　55, 77
原田正文　18
人見知り　98, 127
敏感期　78
分離不安　108
平行（並行）遊び　87, 103, 106
ベビーシェマ　76
保育者自身の教育力　28

保育者の成長プロセス　85
保育所保育指針（保育指針）　3, 4, 26, 31, 32,
　　35, 36, 38, 39, 54, 70, 71, 83
保育の国際化　28, 30
保育要領　3, 26, 31, 32, 65
傍観　87
ボウルビィ　77, 80, 81, 97, 99
母子カプセル　25
ポルトマン　71, 92

マ　行

ままごと　22, 26, 103, 154, 167, 169, 173, 202

ヤ　行

役割取得　88, 89
養護と教育　35
幼児期の教育　4
幼稚園教育要領（教育要領）　3, 4, 26, 31 ～
　　39, 41 ～ 44, 46, 54, 71, 83
幼保連携型認定こども園教育・保育要領（教
　　育・保育要領）　3, 26, 31, 32, 39, 40,
　　42, 66, 67, 71, 83

ラ　行

臨界期　78
連合遊び　87
6領域　34, 35, 37
ローレンツ　76, 78

編　者

成田　朋子（なりた　ともこ）　名古屋柳城短期大学名誉教授

執筆者　〈執筆順，（　）内は執筆担当箇所〉

木本　有香（きもと　ゆか）　（1章）東海学園大学

鈴木　恒一（すずき　つねかず）　（2章）中部学院大学短期大学部

成田　朋子（なりた　ともこ）　（3章）編者

岸本　美紀（きしもと　みき）　（4章）岡崎女子大学

山野　栄子（やまの　えいこ）　（5章）ユマニテク短期大学

橋村　晴美（はしむら　はるみ）　（6章）東海学院大学

執筆協力者

資料提供

5章　三重県津市北口保育園・高野保育園

写真提供

5章　三重県　社会福祉法人豊津児童福祉会　ゆたか保育園・認定こども園

明和ゆたか園

新・保育実践を支える　人間関係

2018 年 4 月 10 日　初版第 1 刷発行
2023 年 2 月 10 日　　　第 3 刷発行

編著者　　成田朋子

発行者　　宮下基幸

発行所　　福村出版株式会社

〒 113-0034　東京都文京区湯島 2-14-11

電話　03-5812-9702　FAX　03-5812-9705

https://www.fukumura.co.jp

印刷　株式会社文化カラー印刷
製本　協栄製本株式会社

©Tomoko Narita 2018
Printed in Japan
ISBN978-4-571-11613-1
定価はカバーに表示してあります。
乱丁・落丁本はお取り替えいたします。

シリーズ「新・保育実践を支える」
平成29年告示
3法令改訂(定)対応

吉田貴子・水田聖一・生田貞子 編著
新・保育実践を支える

保 育 の 原 理

◎2,100円　　ISBN978-4-571-11610-0　C3337

子どもをとりまく環境の変化に対応し，保護者に寄り添う保育を学ぶ。保育学の全貌をつかむのに最適な入門書。

中村 恵・水田聖一・生田貞子 編著
新・保育実践を支える

保 育 内 容 総 論

◎2,100円　　ISBN978-4-571-11611-7　C3337

子どもの発達段階を踏まえた質の高い保育内容と保育実践のあり方を，総論的な観点から平易に説く入門書。

津金美智子・小野 隆・鈴木 隆 編著
新・保育実践を支える

健　　　　　康

◎2,100円　　ISBN978-4-571-11612-4　C3337

子どもの心身が健全に育まれ，自然や物との関わりを通して充実感を得る方策が満載。保育する側の健康も詳説。

吉田 淳・横井一之 編著
新・保育実践を支える

環　　　　　境

◎2,100円　　ISBN978-4-571-11614-8　C3337

子ども達の適応力・情操・育つ力を引き出す環境の作り方を多角的に解説。図版と写真が豊富で分かりやすい。

成田朋子 編著
新・保育実践を支える

言　　　　　葉

◎2,100円　　ISBN978-4-571-11615-5　C3337

育ちの中で子どもが豊かな言語生活と人間関係を築くために，保育者が心がけるべき保育を分かりやすく解説。

横井志保・奥 美佐子 編著
新・保育実践を支える

表　　　　　現

◎2,100円　　ISBN978-4-571-11616-2　C3337

子どもが見せる様々な表現の本質と，それを受け止める保育者にとって有益な情報を実践的な研究に基づき解説。

成田朋子・大野木裕明・小平英志 編著
新・保育実践を支える

保 育 の 心 理 学　Ⅰ

◎2,100円　　ISBN978-4-571-11617-9　C3337

保育者が学ぶべき実践の支えとなる，子どもの発達過程における心理学の確かな基礎知識を分かりやすく解説。

◎価格は本体価格です。